売り物のない不動産屋になぜ行列ができるのか？

綾部良介
春口健二

カナリアコミュニケーションズ

はじめに

この本を手に取った方は、「売り物のない不動産屋」ってどういうことだろう、と疑問に思われたことでしょう。しかし、これは嘘でも謎かけでもありません。そして、この本を読み終えた方は**確実に不動産投資への興味が沸々と湧いている**ことでしょう。

「売り物のない不動産屋」とは、ただ単に仕事のやる気の問題では？　そのように思われる方もいることでしょう。しかしそうではないのです。我々はやる気は人一倍持っています。ただ、事実、私たちはお客さまへお売りする物件がないのです。お売りする物件が見つかってもすぐに売れてしまうので、買えなかった他のたくさんのお客さまに、次の物件が出るまで待っていただいているのです。嬉しい悲鳴だと言えなくはないのですが、私たちは「売りたくても売れる物件がない」不動産会社です。そうなると、次の疑問が湧いてくることでしょう。

「なぜ私たちには行列ができるほどにお客さまが集まるのか？」

この疑問に答える前に、私たちからも一つ疑問を投げかけたいと思います。

「不動産投資に対するイメージってどんなものですか？」

恐らく、多くの方はこのようなイメージを持っておられるのではないでしょうか。

・不動産投資をするにはたくさんのお金が必要だ
・不動産取引は面倒くさい
・不動産会社から怪しい物件、高い物件を売りつけられそう

つまり不動産投資は、「お金がかかって、面倒くさくて、怪しい」と考えられているのはないでしょうか。そのイメージは正しくもあります。

実際に、不動産物件の価格は安いものでも数百万円ですし、高い物件であれば数億円。多くの方が金融機関で融資を受け、借りたお金で物件を購入しています。

次に、不動産投資には手間がかかります。いい物件を探さなくてはいけませんし、買った後も物件の修繕・メンテナンス、借主さまとのやり取りなど、さまざまな管理が必要になります。家賃の設定、内装の改修なども考えなくてはなりません。

そして、三点目。みなさまのイメージ通り、現在の不動産会社には残念ながら売ったら終わりだと思っている業者が数多くいます。もしそんな業者につかまってしまったら、本当に大変です。次から次へと高価な物件を買わされ、購入のためにローンを組まされ、管理を頼んでもろくに管理してくれず修繕費用だけがかかってしまう。そうなってしまう可能性は低くありません。

実は、不動産投資というものはみなさんが思っているほどに難しいものでも、危ないものでもありません。しっかりとした知識を持ち、資金計画を立て、物件を管理すれば、不動産はあなたの人生に大きな貢献をもたらしてくれます。

なるべく負担の少ない範囲で融資を受け、しっかりとした返済計画をたてれば、無理なくローンを完済することができます。完済した後の物件は、他でもないあなたの資産になります。

よい物件の条件とは何か、立地はどこが良いのか、間取りはどのようなものが良いのか、新築か中古か、など、どのようなところに注意して物件を見ればよいか、をしっかり押さえていれば失敗するリスクをぐっと下げることができます。

そして不動産投資についてしっかりした知識を持てば、悪徳な不動産業者に騙されることもありません。購入できない・してはいけない物件を買ってしまうことも、ちゃんと管理をしてくれない会社に管理を任せてしまうこともなくなります。

私たちは、不動産業界でたくさんのお客さまを受け持っています。なぜならそれは、創業時のコンセプトからくるものです。私たちは、みなさんにもっと不動産を身近に感じて頂くため、そして不動産でみなさんの手助けをするために会社を立ち上げました。今ではお客さまから「抱いていたイメージが変わりました」「不安や悩みがありましたが、話を聞いてマンションを購入する決心つきました」「私には買えないと思っていましたが、セミナーを聞いて投資のハードルが下がりました」と嬉しいお言葉を頂くことも少なくありません。

この本では、私たちが不動産業界の現状や不動産投資についての考え方、不動産投資を成功させるためのポイント、そして、なぜ私たちが「売りたくても売れない不動産屋なのか」をお話しします。

この本を読んだみなさんが、お考えの不動産に対するイメージが大きく変わり、不動産投資がより身近に感じてもらえれば幸いです。

株式会社クラシコ
代表取締役　春口健二
常務取締役　綾部良介

はじめに……2

第一章　いま投資用不動産を買うのは正解か？　不正解か？
本当に国をあてにして正解なのか？……14
会社を頼りにすることは正解なのか？……18
将来、子供に面倒をみてもらうという考え方は正解なのか？……22
確実な将来を期待して待つことは正解か？……25
日本人のメンタリティが変化している……29

第二章　こんな時代だからこそ不動産投資
自社の利益しか考えない不動産会社……34
何十年もお金を生む資産を持つ……39

働きながら投資用不動産を自分自身で管理すると大変 44
やっぱり怖い投資用不動産販売会社は数多くある 48
それでも不動産投資を薦める理由 51

第三章　たくさんある投資法

いろいろある投資法を比較してみましょう 58
タダで儲かる話はない 72

第四章　失敗しないための賃貸管理

ワンルームマンション投資を成功させるために必要なこと 80
東京の中古マンションにこだわる理由 85
中古ワンルームマンションの安心家賃保証 97

お客さま目線の管理代行業 …… 100
最高の管理とは、信頼を築く管理コンサルティング …… 106
ただ不動産を売るだけでなく人生計画の相談役 …… 110

第五章　不動産が人生のパートナーになる

マイホームを購入した途端、転勤に！ …… 117
自分へのご褒美にマンションを購入 …… 122
ガンになってはじめて人生設計を考えた …… 126
老後をより明るくするために夫婦で決めました …… 132
退職金の賢い使い方を見つけました …… 138

第六章　お客さまとともに喜ぶことを目指して始めた企業

クラシコの由来……144
苦しかったけど風向きはよかった……148
お客さまのための企業……151
これからの不動産投資……154
これからのクラシコ……157

終章　お客さまとは一生のお付き合い

第三者が見たクラシコ……162
お客さまからの感謝の声……170

第一章

いま投資用不動産を買うのは正解か？　不正解か？

本当に国をあてにして正解なのか？

私たちは恵比寿に拠点を置く不動産会社で、都内の投資用中古マンションを中心に販売しています。販売しているといっても「買いたい！」と言ってくださるお客さまに待っていただくことが多く、いつもご迷惑をおかけしています。つまり、行列ができてしまう不動産屋なのです。

それでも、お客さまには大変喜んでいただいています。お客さまには大家さんになっていただき、家賃収入を得ていただいているのです。会社勤めを続けながら大家さんになった方もおられますし、20代の若い夫婦で大家さんになった方も、退職金で大家さんになった方もおられます。

いまなぜ私たちの販売する不動産がこれほど売れるのでしょうか。そこには「大家さんになりたい」というニーズが高まっているように感じます。**つまり「家賃収**

入」を得ながら暮らすというライフスタイルです。

「家賃収入」というものがなぜいま求められているのかを考えてみました。

まず考えられるのが、国をあてにできない時代だということです。

日本政府の抱える財政上の問題は深刻の度を増しています。予算は毎年歳出超過でその約半分を国債発行でまかなっています。公債の残高は２０００年までは３７０兆円程度で推移していたのですが、２０１４年には約７８０兆円に達しました。これはどう考えても異常です。

戦後日本の財源は経済成長によってまかなわれてきました。経済が常に成長しているときは順調な国家運営ができたのです。日本が戦後はじめて赤字国債を発行したのは１９６５年のことでした。「昭和40年不況」と言われるものです。

その後、一時的に赤字国債を脱却した年度もありましたが、バブルの終焉とともに赤字国債を毎年発行するようになったのです。１９９５年の村山内閣のとき、当時の大蔵大臣が「財政危機宣言」を出しています。１９９７年には橋本内閣が３％だった消費税を５％に引き上げました。現在は８％ですが、政府はさらなる増税を考えています。

２００７年にはサブプライムローン問題をきっかけとした世界金融危機が勃発します。さらに２００８年はリーマン・ショック。日本の金融機関は大打撃を受け、巨額の財政出動を余儀なくされました。２０１１年には東日本大震災が発生し、復興債が発行され、この年の新規国債は巨額の発行額となったのです。

債務不履行のことをデフォルトと言います。借金が増えすぎて返せなくなった状態のことです。１９９０年にブラジルがデフォルトしました。１９９８年にはロシアが90日間の支払い停止を宣言しました。２００１年にはアルゼンチンが、２００８年にはエクアドルがデフォルトしました。アテネオリンピックの後、ギリシャは財政赤字を悪化させ深刻な経済危機に陥りました。

日本は大丈夫という声もありますが、本当に大丈夫なのでしょうか？

日本の国債を支えているのは国民の貯金です。それも、いずれ行き詰るでしょう。

年金制度もすでに崩壊しかけています。65歳から受給できることになっていますが、この受給年齢を引き上げようとする動きもあります。出生率が低下し、平均寿命が延びると少子高齢化が進み、年金制度の運営がますます苦しくなります。

数年前のことですが、医療費の本人負担が引き上げられました。生活保護や福祉関係の予算もどんどん削減されています。私たち国民の生活は今後どのようになっていくのでしょうか。私たち国民は、そのような不安を抱えて生活しているのです。

不安というものは解消できるものであれば解消した方がよいでしょう。そこで、将来の不安を解消する一つの解決策が投資用不動産による収入の増加。つまり「家賃収入」だと言えるのではないでしょうか。

会社を頼りにすることは正解なのか？

ひと昔前は、終身雇用が当たり前でした。いい大学を卒業し、いい会社に入り、そこで定年まで働くというライフスタイルです。労働者は会社に忠誠を誓い粉骨砕身働きます。そうすれば、会社が一生面倒をみてくれた時代です。定年になると、たっぷり退職金をもらい、悠悠自適の年金暮らしができると誰もが信じていました。

ところが、この終身雇用制度が崩れてきたのです。90年代、日本企業の多くはグローバリズムの波にさらされ、円高や国際競争の熾烈な戦いのなかへ入っていきました。そして、雇用の調整が経営課題として取り上げられるようになったのです。

もともと終身雇用は景気のいいときに生まれた制度です。戦前は、腕のいい熟練工を長期的に確保したくて定期昇給制度や退職金制度を作りました。戦後は50年代から60年代にかけて神武景気、岩戸景気と呼ばれる好景気の高度経済成長のなか、企業は常に労働力不足に悩まされていたのです。

現在の日本経済は低成長時代です。大企業といえども、終身雇用制度を維持することは困難になってきました。大規模な景気後退と需要低下の真っただ中にあって、企業にとって無駄な人員を雇用することは許されません。バブル崩壊後の平成不況下で流行した言葉が「リストラ」「コストカット」です。

景気が回復しても企業は積極的に正社員を雇用しようとはしなくなりました。不確実性の高い時代に整理解雇できない正社員を雇うことのリスクを感じはじめたのです。つまり、非正規社員の雇用です。90年代後半から非正規社員の増加が著しくなり、2013年には役員を除く雇用者全体の36・7％が非正規社員となっています。

非正規社員は極めて弱い立場です。昇給やボーナス、退職金制度もありません。雇用保険も労災保険も厚生年金も健康保険も会社はかけてくれません。自分でかけていかなければならないのです。

アメリカは雇用に対する規制が緩く、整理解雇も簡単にできる国です。「それぞれの雇用形態は企業と労働者との間の契約で取り決められるものだから政府が法律で介入することはない」という考え方です。一生懸命働いていても、いつ解雇されるかわからないという不安定な働き方がアメリカ的だと言えます。

一方ヨーロッパは非正規社員と正社員の待遇を均等にする動きがあります。フランスでは非正規社員には、報酬の10％に相当する不安定手当が受けられるという制度や有給休暇が取得できなかった非正規社員へ補償手当を支給する制度などもあるのです。

今後、日本がどちらの道を選択するのかはわかりません。

また、会社の寿命が短くなっていることも事実です。30年ほど前に雑誌の日経ビジネスで「会社の寿命は30年」という特集が組まれました。いまや30年どころか、5年もないだろうと言われています。

アマゾンのＣＥＯジェフ・ベゾスは「現代はビジネスのカンブリア紀だ」と言っています。約5億年前、地球上に突如としていろんな生物が出現するのです。それをカンブリア爆発といい、多様な生き物が爆発的に発生しました。ところが、その後、淘汰され多様性は減少します。そのことをベゾスは、比喩として使ったのです。つまり、現代はいろんなビジネスが生まれては消えていく時代だと言ったのです。

大企業でさえ、いつ無くなるかわかりません。無くならないまでも、一気に縮小する可能性があります。**大企業に就職できたから安泰という時代ではないのです。これからは自分の身は自分で守っていかなければいけません。**

しかし、どうやって自分の身を守りますか。会社に勤めている以上、仕事に専念しなければならないでしょう。**働きながら他の収入を得るとなると、選択肢は限られてきます。その選択肢のひとつとして投資用不動産による収入、つまり「家賃収入」が選ばれているのだと思います。**

将来、子供に面倒をみてもらうという考え方は正解なのか？

日本人の家族の形態は急激に変化しています。江戸時代の264年近くを日本人は家父長制のもとに生活してきました。男性たる家長が家族を統率し、一つの屋敷に父母、祖父母、子供らの大家族が暮らしていたのです。ところが、明治維新でそれが崩れ、親と同居しない家庭が増えていきます。60年代にそうした家族が急に増加し「核家族」という言葉が流行しました。核家族とは、夫婦と子供、夫婦のみ、あるいはシングルマザー、シングルファザーのことを言います。

東京一極集中という現象もそれに追い打ちをかけます。政治、経済、文化、そして人口も東京を中心とした首都圏に集中しているのです。少子高齢化の現在でも、東京への人口流入が止まるところを知りません。子供が東京に単身で居住するケースも増えていきました。大学入学で上京し、卒業後もそのまま東京に残る人たちも多く、そういう人たちが核家族を形成していきます。

いつの頃からか、子供が成長したら家を出るというのが一般的になってしまいました。「新社会人になったら家を出て自活しなさい」と訓示する経営者もいます。20代になり、家を出て1人暮らしをする人たちが増えたおかげで、現在は核家族を通り越して単身世帯が当たり前になっているのです。

一方で、1人暮らしのできない若者もいます。自立できずに親と同居している人たちは「パラサイトシングル」と揶揄されるようになりました。「パラサイト」とは寄生虫のことで、基本的な生活を親に依存していることに対する蔑称です。

さらに、「ニート」という言葉も登場します。勉強もしない、仕事もしない、職業訓練もしない若者のことを指して言うのですが、ニート人口は年々増加しています。さらに、年齢も上がっていて40歳を過ぎてもニートを続けているというのも珍しくなくなってしまいました。ニートたちは働いていませんので、親の面倒を見ることはできません。**老後は子供に面倒をみてもらって「楽隠居」する、なんてことは遠い過去のお話になったようです。政府も会社も、そして家族もあてにならない**

時代です。自分の老後は自分で責任をとらなければなりません。

イソップ物語に『アリとキリギリス』の話があります。キリギリスは夏の間に遊んでばかりいて、冬の備えをしていませんでした。そして、夏の暑いなか汗をかきながら働いているアリをバカにしていたのです。基本的に将来のために準備をしていた人が豊かで快適な人生を送ることができます。

会社員の方が、本業の仕事をしながら、自分の将来に備えるために、そして将来自分のやりたい事ができるように、将来子供に面倒をみてもらうことなく、自分で自分の人生を生き抜くために、投資用不動産による収入を得る。「家賃収入」もその準備の1つなのです。

確実な将来を期待して待つことは正解か？

「不確実性」という言葉がマスコミやビジネスの話題になり始めたのが80年代のことでした。経済学者のガルブレイス博士が上梓した『不確実性の時代』は1978年に日本でもベストセラーになりました。過去のデータや経験を用いて将来起こることが予測できる時代ではないということなのです。まさに一寸先は闇。

たとえば、電力供給も将来はどうなるのかまったくわかりません。原子力発電に国民がノーと言えば、エネルギー政策は大きく転換せざるを得ないのです。かといって、火力発電に依存すると二酸化炭素の問題が再び浮かび上がってきます。太陽光発電や風力、水力、地熱とエネルギーの多様化が進んでいますが、どれも効率やコスト面で一長一短があるようです。

自動車の燃料にも革命的変化が起きています。いままでのガソリンから燃料電池に切り替える動きが出ています。二酸化炭素などの排出ガスはゼロ。出すのは水だけですから、究極のクリーンエンジンだと言われています。しかし、水素という極めて危険な物質を燃料にしていますので、その危険性を今後はどうクリアできるかです。

電気を充電して走る電気自動車も注目を集めています。電気を動力源にしてモーターで走るため、これも二酸化炭素をまったく排出しません。しかし、コストが高く長い距離が走れないという欠点があります。電気とガソリンと両方を組み合わせて走るハイブリッドカーというのも登場しました。現在は、どの方式が生き残るのか、まったくわからない状況です。

私たちの暮らし方も、今後、どう変わっていくのかわからない状態です。日本の人口はますます減少していくと言われています。統計局は「2011年が人口が継続して減少する社会の始まりの年」だと言っています。年間20万人も少なくなっている時代なのです。

労働者人口が減っていくことを問題視する人もいます。年金にしても、保険制度にしても、働く人が減って、受給する人が増えると破綻するのは当たり前ですから、働く人を増やす必要があります。WHOの定義では65歳以上を高齢者と呼ぶことになっていますが、日本は2035年には人口の3人に1人が高齢者という超高齢化社会になると言われているのです。

対応策はいろいろあります。外国人の移民を受け入れるという道と、人口の少ないことの豊かさを選ぶ道と、出産数を増やすという道と、どの道を選択するのか明確に示した政治家はいません。日本はいったいどうなるのでしょうか。こうした不確実性は、そのまま私たちに不安をかき立てます。

これは他人事ではありません。私たちの人生に降りかかる問題なのです。たとえば、増え続ける一人暮らしの老人。自分もいずれは独居老人になるかもしれないのです。そのときの生活費はどうなるのでしょうか。家賃は年金でまかなうとしても、食事代や水道光熱費、医療費、交遊費はどうすればいいのでしょうか。もしも、老人介護施設に入るとしたら、月に13万円～20万円前後かかります。

10年後、20年後は値上がりしているかもしれません。その費用を子どもが負担してくれればいいですが、それが無理な場合はどうするのでしょうか。

こう考えると将来は闇ばかりのように感じます。自分の人生の先に闇が広がっている場合、あなたならどう対処しますか。人生ですから逃げ出すわけにはいきません。日本政府に訴えて「何とかしろ！」と叫びますか？　それとも、会社に泣きつきますか。家族にすがりますか。もちろん、政府や周囲の人々が何とかしてくれるかもしれませんが、自分のことは自分で責任をとらなければいけません。

投資用不動産による「家賃収入」で将来にわたって収入が得られる仕組みを持つという選択肢もあります。働けなくなってもちゃんとお金が入ってくるように準備をしておけば、一寸先は闇ではなく、「一寸先は光」になるのです。不確実性の高い時代というのは、ある意味、チャンスかもしれません。

日本人のメンタリティが変化している

日本人のメンタリティが変化しているように感じます。「自己責任」という言葉が使われ始めて、他人や環境のせいにしないで自分の力で自立する人たちが増えたように思うのです。将来の不安や危機に対して、ちゃんと準備するという考え方が広がっています。

ある女性がこんなことを言っていました。

「結婚したら旦那の稼ぎだけで生活するのは嫌なんです。夫婦になったとしても、女性も自立した一個の人格としてあり続けたい」

そのために、結婚しても仕事を続けるという女性が少なくありません。残念ながら日本は出産した女性が働くにはまだまだ未整備な面が多く、やむなく仕事を辞めるというケースが数多くあるようです。そうならないための準備として投資を勉強している女性が少しずつ現れてきました。少しずつですが、日本人の考え方が変わってきているようです。昔は現状維持をよしとする傾向が強かったように思います。将来の危険が予測されるとわかっていても現状維持を続けてしまうという悪い癖が日本人にはあったのではないでしょうか。決断するまでの意思決定が遅いのです。

幕末の江戸幕府もそうでした。ペリーが来航する前に、オランダ国王から「もう鎖国は無理だよ」と忠告を受けています。渡辺崋山や高野長英や佐久間象山らも強く警告していたのです。なのに、幕府はのらりくらりと決断を先送りします。さらに「不吉なことを言うな！　けしからん！」と警告した人たちを死罪にしてしまうのです。

結果、日本は不平等条約を結ぶことになり、庶民は塗炭の苦しみを味わうことになります。最後にはその幕府も滅んでしまいました。なぜ、鎖国をやめられなかったのでしょうか。それは、215年近く鎖国を続けてきたのだから、その現状を維持しなければいけないという考えからです。それだけの理由で幕府は滅んだのです。

黒船が来る前に海防を固め、近代兵器を取り入れ、しかるべき準備をしておけば、状況はもっと違ったのではないでしょうか。

しかし、最近では、多くの人が将来のために準備するようになりました。

日本人のメンタリティを変える出来事の1つに「釜石の奇蹟」があります。東日本大震災のとき、釜石市の小中学生全2926人中、学校を休んでいた5人を除く全員が津波から逃れたというのです。生存率はなんと99・8％。

津波が押し寄せてきたとき、学校にいた児童生徒だけでなく、下校していた子供の多くは自分の判断で高台に避難したと言います。まさに奇蹟です。これは、日頃の防災訓練のたまものです。

釜石市が防災訓練のさい、最も重要視していることは「自分の命は自分で守るチカラをつけること」だと言います。**このエピソードを聞いたとき、「自分の命は自分で守る」というメンタリティが日本人の心に芽生えてきたんだなと感じました。**

将来に強い不安を感じる時代です。そのことで政府を責めても、会社を責めてもはじまりません。世を嘆いても現状は変わらないのです。

「自分の命は自分で守る！」そして、「自分の将来は自分で築く！」いまから準備をしておけばいいだけのことです。さて、あなたはどんな準備をしますか？

第二章　こんな時代だからこそ不動産投資

自社の利益しか考えない不動産会社

今はどのような時代でしょうか。

「雇用に関する不安はなく、給料は上がり調子、老後の心配は全くない」

こんな風に言える人は本当にごく一握りだと思います。

「会社が数年前からリストラをするようになった。もしかしたら次は自分が……」

「何年働いても一向に給料が上がらない。子供が大学では一人暮らしをしたいと言っているけれど、そんなお金は……」

「定年まであと5年。再雇用制度はあるものの、給料は大幅に下がってしまう。年金もちゃんともらえるのかわからないし、老後の生活が心配でたまらない」

ひと昔前であれば、大学を卒業して、会社に就職すれば全てが安泰でした。勤続年数に応じて給料は右肩上がり。定年まで勤め上げ、退職後は退職金と年金で悠々自適に暮らす。これが当たり前にできたのです。いったん会社に入りさえすれば、終身雇用と年功序列が約束され、収入の心配をすることはありませんでした。普通預金でも利率が1〜2％あったため、ただ金融機関に預けているだけで資産は増えていきました。高齢になっても、下の世代にはたくさん支えてくれる人がいるため、生活するのに十分な年金が返ってきました。

しかし、二十一世紀となった現在、これらのことは全て過去の幻想になってしまったのです。

現代日本は、不況が続き、少子高齢化が進んでいます。企業も体力がなくなり、有名大学を卒業したとしても、優良企業に入れるとは限りません。例え優良企業に就職できたとしても、会社の業績が悪ければ給料は上がりません。人件費を削減するためにリストラされてしまう、会社そのものが倒産してしまう、そんな話を日常的に耳にします。

仮に定年まで勤め上げたとしても、その後も気を抜けません。少子化で高齢層を支える力は年々小さくなるばかりです。年金の支給金額が低くなり、年金支給年齢がだんだんと引き上げられ、もしかするといずれは年金そのものがなくなってしまうのではないか、そんな心配をされる方が増えてきました。

金融機関の預金利率も今や1%を大きく割ってしまい、ただ預けているだけで資産が増えるという時代は過ぎ去り、退職したらこれまでの貯金が減る一方、いずれ貯金が底をつき、年金だけでは生活していくことすらできない、そんなことが現実化しているのです。

お金は必要だけれども、会社からの給料は期待できない、年金もあてにならない。そのため、多くの人が「資産運用」という言葉に目を向けています。株式投資、FX、投資信託など。インターネットで調べたり、金融機関を訪ねれば、たくさんの「運用方法」を紹介してもらえます。そして、そこにはこんな言葉がたくさん出てきます。

「儲かります」
「少ない元手で始められます」
「低リスクでリターンが見込めます」

しかしこの不況の中、そんなに上手い話がそうそう転がっているものでしょうか。そもそも投資とは、将来的に価値が上がると見込まれるものへ、現在持っている資産を投ずるものです。ここには「将来的に価値が上がると見込まれるものを見分けること」と「将来的に価値が上がると見込まれる案件に投じる資産」の二つが必須です。闇雲にお金を投げ入れる投機とは違い、物事を見極め、判断するための知識や能力が必要になってくるのです。「投資に詳しい専門家に運用を頼めばいい」という声もあるかもしれませんが、専門家だからといって必ず儲けることができるわけではありませんし、知識がなければ専門家の言いなりになってしまう可能性があります。

さらに、その専門家が実は自分たちのことしか考えていなかったらどうでしょう。もしそんな専門家に資産の相談をしようものなら、あなたの財産は増えるどころかひたすら食いつぶされ、借金だけが残って路上に放り出されてしまいます。そんな話はテレビの中だけ、と思っている方もいるかもしれません。しかし、残念ながらこれは誰にでも起こり得ることです。特に私たちの扱う不動産は、不動産会社の言いなりになって物件を購入し、悪い物件とローンだけが残ってにっちもさっちもいかなくなってしまうという話が当たり前のように転がっているのです。

そんな厳しい時代に、どうすれば上手く人生に必要なお金を得ることができるのでしょうか。しっかり収入を確保し、これからの人生に対してきちんとした資産計画を立てるにはどうすればいいのでしょう。どうすれば「正しい不動産業者」を見極められるのでしょう。まずは、最低限資金を失わないようにするために、悪い手口を知る、というところから始めましょう。

【売り物のない不動産屋からのアドバイス】

・まずは、不動産会社の人のアドバイスを聞き、よい会社かどうか自分の直感で判断する。
・ポイントは業者の話がＷｉｎ－Ｗｉｎの提案をしているかどうか判断すること。
・業者だけ得してもおかしい。自分だけ得する提案はなおさらおかしい。

何十年もお金を生む資産を持つ

電話の勧誘ではこんなことを言われます。

「今都内に建築中の新築ワンルームマンションを購入されませんか。最寄駅から徒歩10分圏内の利便性がいい立地です。価格は2700万円。頭金なしで、全額ローンを35年、金利は2.6％です。月々の支払いは約9万7千円ですが、毎月10万5千円の家賃収入があります。35年たてばローンは払い終わります。毎月10万5千円の家賃収入があれば年金としてお使いいただけますし、不動産投資は税金対策にもなるんですよ」

話だけを聞くととても魅力的なものに思えます。確かに、不動産投資は税金対策にもなりますし、ローンを完済すればその物件はあなたのものになります。勧誘された通りであればとてもよい投資になるでしょう。しかし実はこの話には落とし穴がたくさんあります。

まずここで前提となっているのは「家賃収入が毎月10万5千円必ず入ってくる」ことです。

しかし、実際にはなかなかそうはいきません。なぜならば、建物の賃料は築後10年間に大きく下落する傾向があるのです。その場合、当初の家賃が10万5千円だとしても、10年後には9万円、20年後には7万円ほどになってしまう可能性があります。もし月々の支払いを9万7千円とした場合、初年度は表面上は黒字になりますが、10年後、20年後は赤字になります。しかも、賃貸の物件には毎月管理費・修繕積立金が新築ですと7千円程度かかりますので、なんと新築購入して数年後には赤字になってしまうのです。これでは投資としては失敗です。

なぜこんなことが起こるのでしょうか。みなさんご存知の通り、新築のマンションは毎年どこでも建てられていますから、**新築の物件は買った瞬間から中古の物件になってしまいます**。2年後の更新の時、今その物件に住んでいる方はそのまま同じ物件に住み続けるでしょうか。恐らくその人たちは引っ越しをするでしょう。なぜならそもそも新築に住む方は「新築だからこそ」その物件を選んだのです。2年たてばその物件は新築ではなくなってしまいますから、今住んでいる方の要望に応えられるものではなくなってしまう可能性もあるのです。さらに、最近ではフリーレントという、入居直後の初月あるいは入居後2ヶ月間は家賃が無料になる物件もあります。そうなったら、更新料を払って今の物件に住み続けるよりも、引っ越した方がずっとお得です。もし、今住んでいる方を引き留めるには、家賃を引き下げるしかなくなってしまうのです。こうしてマンションの賃料というのは新築はどんどん下がっていきます。

もう一つは「空室になるリスク」が考慮されていないことです。

家賃収入というのは、入居者がいて始めて入ってくるものです。もし物件を買ったとしても、入居者がいなければお金は入ってきません。もし今入居者がいたとしても、引っ越してしまえば次の入居者を探さなければなりませんし、探している最中はもちろん空室扱いになります。勧められた新築マンションは実はそれほど需要がない物件だったとしたらどうでしょう。「都心で最寄りの駅から徒歩10分」とありますが、これが本当に魅力的な物件である保証はありません。

加えて今人気の物件でも将来はどうなるかわかりません。残念ながらこれからの日本は少子化が進んでいきます。2014年の日本の総人口は約1億2700万人ですが、2050年には1億人を下回ると予想されています。人が少なくなれば、住む場所も少なくて済みますが、新しいマンションやアパートはどんどん建設されています。つまり、基本的に住宅は供給過多なのです。投資用不動産というのはただ買えばすぐに収入があるものではないのです。その物件にどの程度需要が見込めるのか、空室になる可能性がどのくらいあるか。周辺の家賃相場は、周りの環境は、それから10年後、20年後も入居してくれる人がいるのか。ありとあらゆることをきちんと見極める必要があるのです。

もし、その駅は乗り換えなどの便が悪く、人気のない立地だったら。その駅が住宅供給過多で、とても競争が激しい場所だったら。踏切や坂道があって、実際は徒歩で15分以上かかる物件だったら。

こんな物件だったら、家賃収入が入るどころか、自腹でローンを払い続けなければなりません。

このような状況で、需要があるのかよくわからない新築のマンションを35年ローンで買ってしまったらどうでしょう。これまでの生活に加え、毎月9万7千円のローン返済をしていけるでしょうか。家賃を下げざるを得なくなって利益どころか損失を出し続けることになったら、売却しなくてはいけなくなる可能性だって出てきます。しかし、その時は新築で買った物件の価値は大きく下がってしまっています。財産として残しておけると言われたのに、途中で手放すことになり、その売却額も購入した額に全く届かず残債の不足分を更に預貯金から払うことになってしまいました。実は、このようなケースはどこにでもあるのです。

【売り物のない不動産屋からのアドバイス】

・投資として買うなら、ワンルームマンションは絶対中古物件を買う。
・築15～30年の中古物件で、価格は700～1600万円が一番よい。
・このような条件で、都心周辺の物件であれば、価格も賃料も大きな変動は少なくなる。

働きながら投資用不動産を自分自身で管理すると大変

不動産投資が他の投資と大きく違うことがあります。それは「事業」である、ということです。

たとえば、株式と外貨投資の場合を考えてみてください。株式を買った後は、企業の業績や社会情勢、株式市場の動向を見定めて売り時を探す必要があります。外貨投資で利益を出すには、世界各国の状況や外貨市場をチェックしなくてはなりません。しかし株式も外貨も、投資信託や保険といった金融商品も、買った後は何かをしなくてはいけないわけではないのです。利益を上げるには様々な指標や世の中の動きをチェックする必要がありますが、買った後はそのままほったらかしにしておいても、それ以外で困ることは特にありません。

ところが、不動産投資の場合はそうはいきません。ご存知ない方もいらっしゃるかもしれませんが、物件を購入すれば、あなたは「事業主」となります。不動産投資はれっきとした「事業」なのです。不動産の物件を買った後は入居者を探すことはもちろん、物件の修繕、管理や入居者から家賃を集金することも必要になります。時には、家賃を上げ下げしたり、思い切って内装を改修することだって必要になるかもしれません。これが他の投資と違うところです。株式を少し買ってもその企業の決裁権のあるオーナーにはなれませんが、**不動産を買えば、あなたはその物件のオーナーになるのです。**オーナーとなったあなたには、いかにその物件に人を呼び込むか、入居者に住み続けてもらうためにどうすればいいのか、といったことを考え、そして実行しなければならないのです。

とはいっても、この本を手にとって下さっている方の多くは本業として別の仕事をしていると思います。その場合、家賃の集金や入退去時の確認、そして時には「水漏れを直してくれ」だとか「隣の人が毎晩うるさくて困っている」など入居者の方から出てくる要望に応えるのは難しいでしょうから、不動産管理会社に管理をお願いする必要が出てきます。不動産投資には「良い物件」と「良い管理会社」の両方が必要になりますが、「良い管理会社」を探すのは、「良い物件」を探すことよりも大変です。なぜならば、物件の情報以上に管理会社の情報を集めるのが難しいからです。しかし、**よい管理会社を探すことは、不動産投資に必要な要素の一つです**。

あなたを会社の社長とすると、事業のパートナーとなるよい取締役を見つけることに相当するのです。取締役が有能であれば問題ありませんが、もしも取締役に能力がなかったり、自分の利益を優先したりしたらどうでしょうか。あなたの留守中に必要な業務をやらなかったり、会社の会計を適当に改ざんしたり、もしかしたら余計な事業を始めたりするかもしれません。そうなったら、あなたの会社はめちゃくちゃです。これは例え話ではありますが実際に「悪い管理会社」にあたってしまったら、いくら良い物件を買ったとしてもその魅力を引き出すどころか、逆に入居者を遠ざけてしまうことだってあるのです。

悪い賃貸代行管理会社で一番多いことは、毎月の家賃送金をオーナーへの連絡もなく、数日から数か月、遅れることです。さらに悪い賃貸代行管理会社の場合、オーナーが家賃送金の催促をしても、なかなか振り込んでくれません。もちろん、賃借人からのクレーム対応や修繕工事の対応も、不親切で不適切な対応をします。

【売り物のない不動産屋からのアドバイス】

・本当にいい賃貸代行管理会社を探すのは大変。
・ネットで調べても実際に管理してもらわなければ本当のことはわからない。
・自分自身で直接セミナーなどに参加していい会社かどうかを判断することが一番。

やっぱり怖い投資用不動産販売会社は数多くある

悪い不動産会社はとても怖いのです。

入居者からのクレームに応えない、家賃未払いを放置する、などはよくある話ですが、さらに怖いのは、確定申告や融資です。

「確定申告はうちでやりますから」という管理会社がありますが、その場合必ず確認しなくてはいけないことがあります。それは「誰が」確定申告をするのか、ということです。確定申告ができるのは本人、もしくは会計士だけです。しかし、管理会社によっては会計士でもない社員が勝手に確定申告の書類を相談もなく勝手に作ってしまう、というところがあるのです。その場合、その管理会社に都合が良いように確定申告されてしまいます。ちゃんと整合性がとれているならまだましなほうで、いい加減に計算して、気づかないうちに脱税していた、なんてこともあるのです。

それから **「融資の相談」をするときも気を付けてください。よくあるのが「投資用のマンションと自宅購入はローンの枠が違う」と言って限度額いっぱいまで融資を引き出し、高い物件を買わせる販売会社もあります。** 一般的にローンを組める限度額は、年収の5倍〜7倍程度だと言われており、どういったものを購入するかで枠が異なることはありません。投資用物件を買う時に限度額一杯に融資を受けて、いざ自宅を買おうと思った時にローンが組めない、なんてことがざらにあります。

もうひとつ、最近 **「この新築マンションを購入してくれたら、〇〇万円のキャッシュバックがあります」というキャンペーンを行っているところもありますが、これも要注意です。** 実は本来の価格にキャッシュバック分が上乗せされているだけ、なんてケースがあります。

気をつけなければいけないのは「融資額は金融機関が決めるわけではない」ということです。

融資とは「〇〇万円の●●を購入するから、△△円出してください」と購入する側が申請するのです。金融機関は、その金額が妥当なものか判断するだけに過ぎません。

新築マンションを買う場合などに**「銀行がこれだけ融資してくれるから、この物件は良い物件です」などと言う販売会社がありますが、実は新築マンションは担保が大きいために融資を引き出しやすいだけで、その物件の価値そのものとは関係がないのです。**

確定申告をやりますよ、融資枠がたくさん取れますよ、キャッシュバックがありますよ、資金ゼロからでも始められますよ、など不動産投資には夢のような話がたくさん転がっていますが、「美味しい話には裏がある」ことが多いです。

投資をしっかり回すには、それがどんなものであってもリスク管理が必要です。逆に、リスクヘッジをしっかりとしておけば、失敗する可能性はぐっと低くなります。

【売り物のない不動産屋からのアドバイス】

・法令順守しない。金融機関にウソをつく。そして、何より、お客様のことを考えない不動産会社は数多くある。
・特に新築または築浅ワンルームマンション販売会社は要注意。
・投資用不動産なら、中古ワンルームを売主として販売している会社がいい。

それでも不動産投資を薦める理由

この章では、「いかに不動産業界が怖いものか」ということを説明してきましたが、それでも私たちが不動産投資をお勧めする理由はなんでしょうか。

まず、不動産というものがとても身近なものだからです。

人間にとって家はなくてはならないものです。たとえば、エレベーターのない県営住宅に年老いた母親が一人で5階に住んでいたらどうでしょうか。老母に、家を買ってあげたいと思うのは当然です。不動産は、人が住んで始めて成り立つものです。劣悪な住宅を選んでしまっては気分が沈みますし、老人に5階までの上り下りは苦痛以外の何物でもありません。

憧れのマンションに住むことを想像してみてください。「この部屋に、この建物に、この街に住みたい」という願いが叶った時の気分はいかがでしょうか。快適なバスシステムや使い勝手のいいキッチン、そして大好きな街。「この物件に住みたい」と思ってくれる人がいたら、それは素晴らしいことだと思いませんか。**マンションオーナーとなったお客さまは家賃収入を得る、入居者は物件に住んで満足感を得る、不動産投資はそのＷｉｎ－Ｗｉｎを成り立たせることができるのです。**

もちろん、不動産投資をお勧めする理由はそれだけではありません。不動産投資には他の投資法にはない色々なメリットがあります。

一つめは全面に押し出すわけではないのですが、付加価値としての**節税効果**です。

例えば、年収７００万円の会社員、専業主婦の妻、小学生の子供の３人家族をモデルケースにして考えてみましょう。年収７００万円の場合、通常、所得税が31万円、住民税が38万円ほどかかり、税金額は69万円程度になります。

ここでもし、不動産投資を行っていた場合はどうでしょう。不動産投資を行っている場合、不動産収入から購入時費用や減価償却などの経費を差し引いて、赤字となる部分を計上することができます。不動産投資の赤字部分を30万円とすると、所得税は25万円、住民税が35万円ほどになり、税金額は60万円。９万円の差額が生じ、その分は実質的な税額の軽減となるのです。

二つ目は、**私的年金**として使える、ということです。

日本は男女ともに平均寿命がとても高い国です。男性で80歳、女性では86歳を超えます。ちょっと老後のことを考えてみましょう。ゆとりある老後生活を送るには、月額で生活費24万円、旅行やレジャーなどライフイベントで14万円程度必要と言われています。

では退職後、仕事をしないとして、月にいくらの収入があるでしょう。厚生年金に加入していた一般的なサラリーマンを例にした場合、公的年金の支給は月額で23万程度となります。ここで、先ほどのゆとりある老後生活に必要な毎月の金額を考えると、必要な金額24万円＋14万円で38万円ですが、年金は23万円。つまり、15万円の不足、となるのです。一年間に15万円×12＝180万円の補てんが必要です。仮に60歳で退職し80歳までの生活をすると考えると、180万円×20年間で、なんと3600万円にもなってしまいます。そして、今後、年金支給が65歳からとなることを考えると更に補てんが必要となります。

加えて、いざというときには、大きな金額が必要になる可能性もあります。これだけの金額を貯金しておくのはなかなか難しいと思います。

しかし、不動産投資を行って安定的に家賃収入を得ることができれば、月々の不足分15万円を補うことは難しくありません。しかも、毎月働かずに、です。**不動産は、老後の不足分を不労所得で補うことができるのです**。

三つ目は、**生命保険の代わり**として。

融資を利用すれば、団体信用生命保険に加入することができるようになります。万が一、オーナーさまがお亡くなりになってしまった場合、もしくは高度な障害が発生した場合、ローンの残債はなくなり、手持ちの物件は資産となります。資産として残った物件は売却してまとまった資金に換えることができますし、貸し続けることで賃料を遺族年金にすることもできるのです。

最後に、**相続税対策**、という側面もあります。不動産は相続税課税額が現金よりも低くなるのです。

まず、不動産は課税評価額を下げるという効果があります。現金や貯金などの金融資産は、その額面がそのまま課税の対象として評価されます。株式や債券も相続時の時価で評価されます。しかし、不動産は一定の公的評価にもとづいて計算されるのです。

簡単な説明で言えば、その課税評価額は現金と比べると、実に現金の40％程度の評価額に対して課税されます。不動産投資が有効な相続税対策の1つと言われるゆえんがそこにあります。

さらに、都心のワンルームマンションには次のメリットがあります。

1つは分けやすいということです。ワンルームマンションを複数取得している場合、相続人が複数いても分け与えることが簡単にできます。土地を持っていても売りにくいですし、分けるのも困難を極めますが、ワンルームマンションなら比較的スムーズにいくでしょう。

2つ目は売りやすいということです。相続税は「相続が発生して10か月以内に納付」というしばりがあります。待ったなしです。もしも、納税資金が足りず、支払えないとしたら、不動産を売って急いで換金しなければいけません。都心のワンルームマンションなら価格も手ごろですし、利回りが取れるということで人気が高いので素早く現金化することができます。

3つ目は節税力があるということです。賃貸のワンルームマンションの場合、先述したように相続税の課税評価額は現金の40％程度にまで圧縮できますので、その分、相続税を抑えることができます。

以上のことから、都心のワンルームマンションは相続人たちが困らない資産形成の方法だと言えます。

【売り物のない不動産屋からのアドバイス】

・不動産投資にはいくつものメリットあり。
・自分で思い描く夢の実現にプラスになるようであれば、チャレンジするべき。
・こんな時代だからこそ、大きな人生、大きな夢を見て行動すること。

第三章　たくさんある投資法

いろいろある投資法を比較してみましょう

「不動産投資」というと、「手間のかかる投資法」として敬遠する方が多いのではないでしょうか。私たちのお客さまは、私たちの投資セミナーにお越しいただいた方、それから口コミによって私たちを訪ねてくださった方の二つに大きく分けられます。前者の場合、株やFXでそれなりに資金に余裕が出来た方が「もっと増やすために別の手段を」と考えられてセミナーへいらっしゃるケースが多く、つまり、不動産投資はある程度投資経験がある方、ある程度の資金ができたらやるもの、と考えられがちです。

しかし、実は不動産投資はそれほど「手が届きにくい投資方法」ではありません。先ほどの後者の場合、つまり口コミから来てくださった方の中には「投資のことなど何も考えたことがない」とおっしゃる方が少なくありません。そんな投資の初心者でも、不動産投資を行うことができるのです。

投資、資産運用。この言葉からみなさんはどのような方法を思い起こすでしょうか。株式投資、ＦＸ、先物取引。みなさんがご存じの通り、投資の方法はたくさんあります。まずはいろいろな投資方法について見てみたいと思います。

●株式投資

みなさんが投資と言われてまずイメージするのが株式投資ではないでしょうか。そもそも株式とは、企業が事業経営をしていくための資金を集める目的で発行される有価証券です。企業は投資家へ事業の内容や将来的な展望を伝え、投資家は展望が見込める企業への出資として株式を購入します。業績を伸ばしている企業や、将来有望だと判断された企業は人気が上がって株価が上昇しますし、業績が伸び悩みそうだと判断されれば出資しようと思う投資家は減りますので株価は下落します。株式を買う、株主になる、ということはその企業の事業を行うための資金を出資する、つまりオーナーの一員になることを意味します。

株式の特徴は「株式の購入によって出資された資金に返済義務はない」というこ

とです。例え企業が倒産したとしても、株式を購入した資金が返還されることはありません。企業が発行する有価証券に社債がありますが、こちらは株式とは違って返済義務のある有価証券になります。

株主になるメリットとはなんでしょうか。株式というのは、資金を集めるための有価証券でもありますが、企業の人気票、という側面もあります。人気が上がれば株式の価値も上昇するので、安い時に買って、その企業に人気が出てきた時つまり株価が上がってきた時に売却すれば、その差額分が株主にとっての利益(キャピタルゲイン)になります。

また、企業が株主に対して事業で得た利益の一部を還元する目的で、年度ごとに配当金を出す場合があります。もし企業が良い業績を収め続け、配当金を出し続ければ、株式を持っているだけで毎年配当金がもらえることになります。

もうひとつ、株主のメリットとして株主優待があります。企業から自社商品や商品券のプレゼントがあったり、その企業が提供しているサービスを通常より安く利用することができます。日常用品のプレゼントであったり、利用頻度が高い企業の株主になれば、生活でもメリットがあります。

しかし、もちろん投資にはデメリットがあります。企業の業績が低迷して利益が出なければ、配当金はでませんし、株主優待のサービスも滞る可能性があります。何より、株価が下落して購入した時よりも安くなってしまえば、そのまま損失になります。さらに株式を発行した企業が倒産してしまえば、株式は価値を失い紙くず同然になります。株式がハイリスクハイリターンと言われるのはこの理由です。

株式を購入する場合は、企業の業績や将来的な展望をよく考える必要があります。それに加えて、経済や株式市場の動向にも目を配る必要があります。株価が上下する要因は企業の業績だけではありません。国の経済状態が悪くなれば株式市場全体も力を失い、全体的な株価が下落することになりますし、逆に経済状態がよければ、新しい事業を始めたり、設備投資を強化したりしますので株価は底上げされます。投資を成功させるには、投資対象そのものだけではなく、その周りの状況にも目を配ることが重要です。

●ＦＸ

二つ目に馴染みのあるものとして、最近はＦＸがあります。

ＦＸとは「margin Foreign eXchange trading・外国為替証拠金取引」のことを指します。外国為替取引はみなさんご存じの通り、日本円と米ドル、米ドルとユーロなど、異なった二つの通貨を取引することです。

では、証拠金取引とはなんでしょう。例えば、1ドル＝１００円のとき、1万ドルを買うには１００万円が必要になりますが、この時、自己資金5万円を証拠金としてＦＸ会社に担保に預けて１００万円の取引をさせてもらう、これが「証拠金取引」です。もしこのとき、米ドルが１００円から１１０円に値上がりすれば、1万ドル＝１００万円は、1万ドル＝１１０万円になります。つまり、元手5万円から10万円の利益が出たことになります。このように、レバレッジ（てこの原理）を使って外国為替取引を行うのがＦＸです。

また、逆に「下落を想定して取引を行う」場合があります。例えば、米ドルが1ドル＝１００円から90円に下落するだろうと予想します。この場合、まず米ドル1万ドル分をＦＸ会社から借ります。この時点で1万ドルを「売って」しまえば、１００万円分の現金が手元に残ります。もしこの時米ドルが1ドル＝１００円から

90円に下落した場合、1万ドルの購入費用は90万円です。ここから借りた分の1万ドルを返した後は、手元に残った10万円が利益になります。

もうひとつは「スワップ取引」です。スワップ取引とは、通貨間での金利差を利用した取引です。現在、日本の政策金利は0.1％と超低金利です。しかし他国に目を向けると米ドル0・25％、英ポンド0.5％、豪ドルでは2・25％、南アフリカでは5・75％にもなるのです。この時、低金利国の通貨で高金利国の通貨を買えば、金利に差が生まれます。例えば、金利0.1％の日本円で金利2・25％の豪ドルを買えば、2・25％－0.1＝2・15％の金利差があります。このプラスの金利差を利用して利益を上げることをスワップ取引と言います。

ＦＸのメリットとしては、やはり少ない元手から始められること、そして少ない元手でも利益を出すことができる、ということでしょう。元手が少なくても、レバレッジを使ってたくさんの資金を運用することが可能です。また、現在日本は超低金利国なので、高金利国通貨を購入し、スワップ取引で利益を上げることができることもメリットの一つです。

しかし、このメリットは裏を返せばデメリットになります。レバレッジを使ってたくさんの資金を運用すれば、損失が生じた時にその損失も大きなものになります。また、金利の差が潰れてしまうほど円安に傾けば、いかに他国の通貨が日本と比較して金利が高くとも損失が出る可能性がありますし、そのスワップにもレバレッジをかけていれば円安になった時の損失も大きくなります。

ＦＸは為替の状況をよく吟味する必要があります。また、レバレッジをかけて取引を行いますので「損は保持している有価証券を保持している分だけ」とはいきません。どの程度利益が上がるか、ということを考えるのはもちろん、どの程度の損失が出るのか、についても注意深く考えなくてはならないのです。

●債券

債券とは、国や地方自治体、企業などが発行体となって、投資家から資金を集めるために発行される有価証券を指します。国が発行すれば「国債」、企業が発行すれば「社債」です。債券は、お金を貸し借りする際の「借用証明書」のようなものです。発行体が投資家に資金を借りたという証明のため、債券が発行されます。債券には通常お金を借りた時と同様、返却期日（満期）、期限日までの利子の支払いが定められています。満期日まで保有すれば期間中は利子を受け取ることができ、満期になれば額面金額が返ってきます。

しかし、もちろんデメリットもあります。発行体が倒産すれば、利息どころか額面の金額も返ってきません。国が倒産することはまずないでしょうが、社債の場合には、その企業の業績や経営状態を確認しておく必要があります。

●投資信託

投資信託とは、複数の投資家から集めた資金を元手に、運用の専門家が株式、債券、などに投資・運用する形態を指します。集めた資金で得られた利益が資金を提供してくれた投資家に分配されます。集めた資金をどの有価証券に投資するか、についてはファンドや、運用機関によって決められます。

通常の株式や債券などは基本的に個人で行うもので、資金は個人が出せる範囲になり、運用も投資家本人が自ら考えて行わなければなりません。しかし、投資信託は投資の専門家が有価証券の選定、運用を行ってくれます。このため、小額で始めることができます。また、株式や債券の単独銘柄に投資していた場合、保有していた有価証券の価値が値下がりしてしまえばそのまま損失となってしまいますが、投資信託は複数の銘柄や有価証券に分散して運用を行いますので、その分リスクが軽減されます。投資対象、運用方法は様々なので、選択肢が広い、というのも特徴です。

しかし、一方で運用を専門家に任せるため、投資信託へ供与する資金の他に、運用の手数料が発生します。また、専門家に任せたからと言って必ずしも利益が出るわけではありません。投資信託は元本保証がないので、運用成績が悪ければ、ファンドの価値が下落し、売却価格が購入価格を下回れば、損失が出ます。

運用の専門家が行うとはいえ、何を投資対象とするのか、運用の仕方はどうか、リスクはどの程度あるのか、手数料はどの程度かかるのか、そのファンドの価値、運用会社の業績などをしっかり見極めて投資を行う必要があります。

●先物取引

貴金属、原油、ゴム、小麦や大豆などの商品について、将来のある時点で売買の約束をする取引です。ある日付にその商品をどのくらい、いくらで買うかを決めてしまうのです。

ＦＸと同様、担保となる証拠金を収めて、限月と呼ばれる期限までに商品を転売します。買った時よりも売った時に商品の価格が上がっていれば利益を上げることができます。逆の場合は損失がでます。ＦＸと同様、証拠金にレバレッジをかけて投資を行うので、リスクは大きくなります。

●不動産投資

不動産投資、とは不動産物件を購入し、大家さん（オーナー）になることです。投資法としては、他の有価証券と同様に、物件が安い時に購入し高い時に売ることでキャピタルゲインを得る方法ともうひとつ、物件を誰かに貸して家賃収入（インカムゲイン）を得る方法があります。

バブル期には、不動産の価値が軒並み上昇傾向にありましたので、前者のキャピタルゲインで利ざやを稼ぐ方法が一般的でしたが、現在はインカムゲインを得るために運用することが不動産投資の目的として多くなっています。

不動産投資の対象物件は、土地、一戸建て、一棟ビル、一棟マンション、一棟アパート、ビルの一部、マンションの一部などがありますが、今回は、マンションの一部としてのワンルームマンション投資を説明します。

ワンルームマンション投資は、新築の物件を購入するか、中古の物件を購入するかで大きく異なります。まず新築マンションから見て行きましょう。

新築マンションの魅力といえば、「新築」であること。つまり、新しくて綺麗、ということが一番のメリットです。また、設備や機能は最新のものが設置されているので快適な生活空間を提供できる最初の数年間は修繕費や管理費を抑えられる、というのも利点の一つです。

もう一つのメリットは、情報を得ることが容易である、ということです。モデルルームやマンションギャラリーで物件の様子を実際に見ることができますし、地盤や構造といった情報もパンフレットなどで公開されています。また新築ということで担保が取りやすく金融機関から融資を受けやすいというのもあります。

綺麗で清潔、情報も得やすい、ということがメリットとして上げられますが、デメリットはやはりコストが高い、ということです。ローンを組めば返済が長期間になり、返済するまでにトラブルがあったり、利回りが想定通りに行かなかった場合はせっかく購入した物件を売却せざるを得なくなる、といったケースが後を絶ちません。

二点目のデメリットとしては、物件価値の下げ圧力が強いということです。先ほどお話しした通り、建物の価格は年々徐々に低下します。当初は高額の家賃が取れても、2年ごとの更新時に同じ家賃が取れる可能性はかなり低くなりますし、売却しようにも物件の価格自体の低下速度も早いので、売却額がローン残債額に全く届かず、残債の不足分を更に預貯金から払うことになる、という可能性も大いに考えられます。また新築であるため、実際に周りの入居者にどんな人がいるのか、実際の空室率はどの程度なのかがわからない点も考慮しなくてはなりません。

では、中古物件の場合はどうでしょうか。メリットとしては新築の逆で、価格が安い、という点が大きいです。都心の新築ワンルームマンションが安くても２４００〜３０００万円であるのに対して、中古の物件は安い物であれば数百万で買うことができます。また、すでに建っている物件なのでその物件にはどんな人が実際に住んでいるのか、周りの環境はどうなのか、建物の空室率は、という情報を得ることができます。また、新築と比較して物件数が豊富です。好立地で、もう新築マンションを建てられないような場所でも物件を探すことができます。加えて、新築と比較して価格の下落圧力が低い点があげられます。建物の賃料は新築から10年間の下落率が高く、築20年以降になると賃料下落率が極端に低くなり、賃料がほとんど変わりません。そのため、家賃収入からの資金計画が立てやすいということが大きなメリットになります。

デメリットとしては経年劣化の影響がある、ということです。築年数が上がるにつれて物件の劣化も進みます。劣化の度合いは施工の良し悪しに関わってくるので、劣悪な物件であれば、安く手に入れても改修・修繕に莫大な費用が必要になる可能性もあります。また新築と逆で、物件の担保が取りづらく、ローンを組みにくく、家賃保証が不充分である、という可能性もあります。

【売り物のない不動産屋からのアドバイス】

・不動産投資とは、各種ある資産運用手段の1つにすぎないことを知る。
・日本人は貯蓄するクセがあり、欧米人と比べて資産を運用してお金を増やすのがヘタ。
・みなさんは、どんどん投資して、どんどん稼ごう！

タダで儲かる話はない

さて、この章では様々な投資方法についてお話をしました。

最後に、投資を成功させるために心がけておくことをお話ししたいと思います。

まず、全ての投資にはリスクがある、ということです。

「必ず儲かります」という言葉に騙されないでください。投資の世界に「必ず」という言葉はありません。例えば、株式投資には株価が下がる、株式を発行した会社が倒産する、というリスクがありますし、外貨では為替リスクがあります。不動産投資も空室リスクや家賃の下落、物件の劣化といったリスクがあります。

しかし、リスクを恐れて投資をしないとするならば、資産を増やすことはできません。そこで大切なことは、**リスクをいかに最小限にするか**、ということです。

株式投資であれば、市況を読むことで株価の下落を考えることができますし、投資対象企業の財政を調べれば倒産のリスクを予測する助けになります。外貨であれば、ニュースをチェックして為替が動くかどうかを判断する、日本円の動きを見極める、といったことを心がけるようにすれば、為替リスクの判断になります。もちろん、株価の動きや為替の変動を完全に予測することはできません。しかし、株式の市況をチェックする、各国の状況を探る、そして自分の資産計画を立てるといったことは、投資をする、しない、どのくらいの投資額ならば大丈夫かなど、判断の助けとなります。

当てずっぽうで成功する投資など、そもそも存在しないのです。投資をするのは勉強が必要です。どんなリスクがあるのか、リスクを小さくするにはどうすればよいか。これらのことをしっかり考える必要があります。

もうひとつ覚えておいて頂きたいことは、それぞれの投資方法には、それぞれの特徴がある、ということです。**投資に、「この方法だけやっていればよい」というものはありません**。

株価が上がる時は、日本円の価値は下がる、ということがあります。投資方法によって、リスクは異なります。肝心なのは、それぞれの投資方法の違いを把握し、足りない部分を補っていくことです。

例えば、株式投資やＦＸは大きく損をする可能性もありますが大きく儲けることもできます。不動産投資では、安定的に家賃収入を得ることができますが、一度に大きく儲けることはなかなかできません。しかし、いくつかの投資方法を組みわせることで、ローリスクの投資方法から得た資金で、ハイリスクハイリターンの方式に投資をする、といったこともできます。

成功している投資家は、勉強をしたり、色々な方法を使うことで、リスクを最小限にして、「ここぞ」というときに大きく賭けるのです。一番良くないのは、周りがやっているから、儲かるから、とただ流れに乗って資金を投げうつことです。資産を守り、そして増やすには、自分で判断し、自分で動きを決めることが大切になります。次のページにあるフローチャートは、不動産会社を選ぶときの目安になるものです。不動産会社に不動産投資の相談するときのチェックシートにもなります。あなたの目的にあった不動産屋かどうか、信頼できる不動産屋かどうか、しっかりと見極めてください。

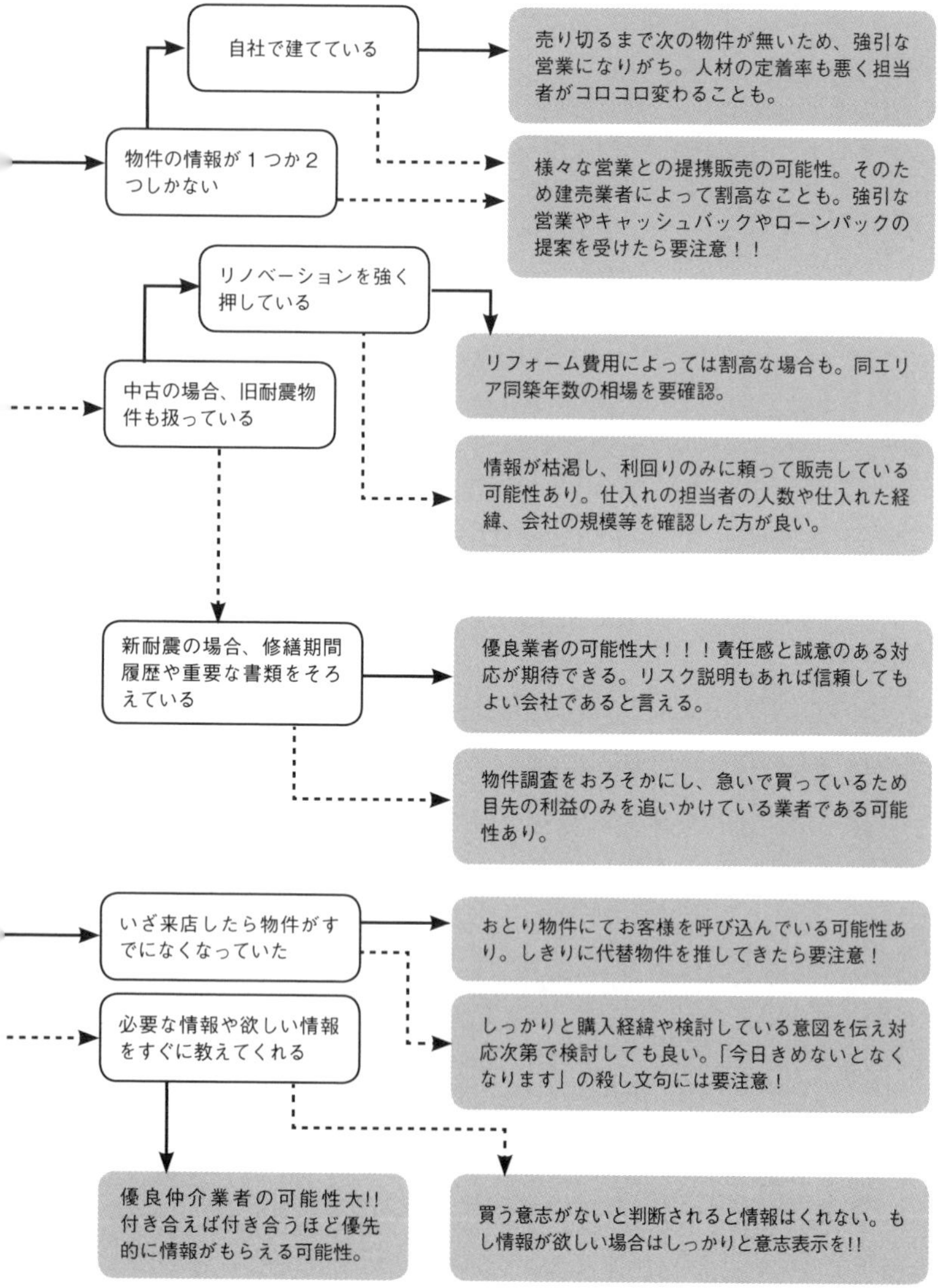

自社で建てている
売り切るまで次の物件が無いため、強引な営業になりがち。人材の定着率も悪く担当者がコロコロ変わることも。
物件の情報が１つか２つしかない
様々な営業との提携販売の可能性。そのため建売業者によって割高なことも。強引な営業やキャッシュバックやローンパックの提案を受けたら要注意！！
リノベーションを強く押している
リフォーム費用によっては割高な場合も。同エリア同築年数の相場を要確認。
中古の場合、旧耐震物件も扱っている
情報が枯渇し、利回りのみに頼って販売している可能性あり。仕入れの担当者の人数や仕入れた経緯、会社の規模等を確認した方が良い。
新耐震の場合、修繕期間履歴や重要な書類をそろえている
優良業者の可能性大！！！責任感と誠意のある対応が期待できる。リスク説明もあれば信頼してもよい会社であると言える。
物件調査をおろそかにし、急いで買っているため目先の利益のみを追いかけている業者である可能性あり。
いざ来店したら物件がすでになくなっていた
おとり物件にてお客様を呼び込んでいる可能性あり。しきりに代替物件を推してきたら要注意！
必要な情報や欲しい情報をすぐに教えてくれる
しっかりと購入経緯や検討している意図を伝え対応次第で検討しても良い。「今日きめないとなくなります」の殺し文句には要注意！
優良仲介業者の可能性大!!付き合えば付き合うほど優先的に情報がもらえる可能性。
買う意志がないと判断されると情報はくれない。もし情報が欲しい場合はしっかりと意志表示を!!

不動産会社のタイプを把握するフローチャート

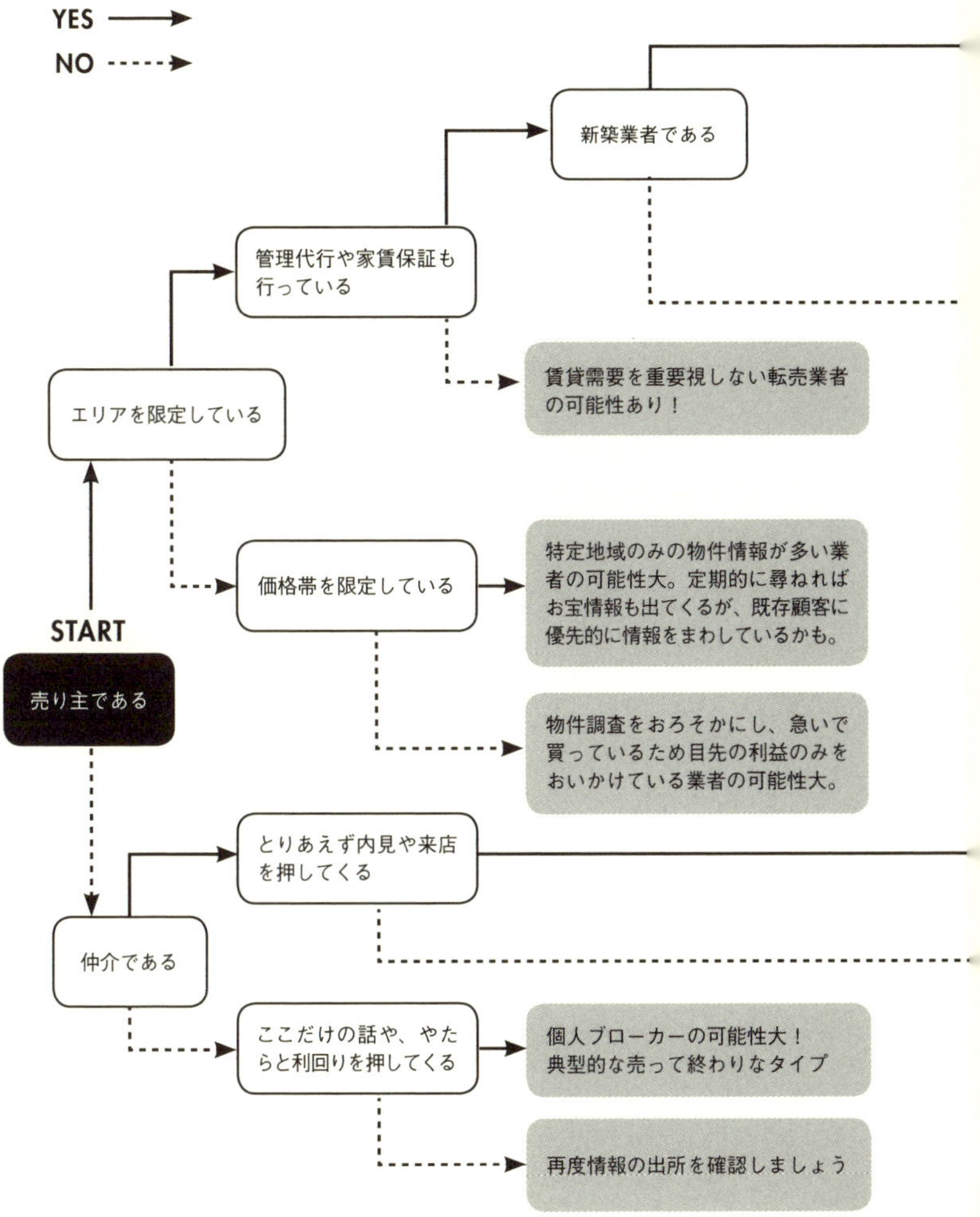
YES
NO
新築業者である
管理代行や家賃保証も行っている
賃貸需要を重要視しない転売業者の可能性あり！
エリアを限定している
特定地域のみの物件情報が多い業者の可能性大。定期的に尋ねればお宝情報も出てくるが、既存顧客に優先的に情報をまわしているかも。
価格帯を限定している
START
売り主である
物件調査をおろそかにし、急いで買っているため目先の利益のみをおいかけている業者の可能性大。
とりあえず内見や来店を押してくる
仲介である
ここだけの話や、やたらと利回りを押してくる
個人ブローカーの可能性大！
典型的な売って終わりなタイプ
再度情報の出所を確認しましょう

第四章　失敗しないための賃貸管理

ワンルームマンション投資を成功させるために必要なこと

失敗しないための不動産投資に必要なものとは何でしょうか。そもそもよい不動産投資とはどのようなものでしょう。

多くの方が勘違いされることに「よい物件を購入してしまえば、あとは何もせずに家賃収入が入ってくる」、ということがあります。確かに物件選びは大切です。老朽化してしまっていて建物そのものに問題がある、建物はしっかりしているが利便性などの問題であまり需要がない、などの理由で入居者が入らなければ元も子もありません。しかし、不動産投資に必要なことは「物件選びだけ」ではありません。この章では不動産投資を成功させるために必要なこと、そしてそのために私たちができることをお話しします。

ワンルームマンション投資というと、多くの方が新築マンションを購入することをイメージされます。なぜでしょうか。それは、新築ワンルームマンションを売主として販売する不動産会社が多くあり、中古ワンルームマンションを売主として販売する不動産会社が少ないからです。さらに、1000万円以下の中古ワンルームマンションを主体に売主として販売する不動産会社は、ほとんどありません。中古の優良な物件を選び、そして管理することにとても手間がかかるからです。

新築以外の物件は全て中古物件ですから、その数は膨大なものになります。そして、中古の物件には経年劣化のリスクがつきます。築後数年であればそれほど気になりませんが、築後10年、20年と、年数が経つにつれ、物件の価値が下がっていきます。この劣化度合いは建物の構造、地盤はもちろん、管理の仕方によって大きく変わっていきます。このような状況から、中古物件の正確な価値を判断するのは非常に困難なのです。多くの不動産販売会社が売主として低価格な中古ワンルームマンション物件の扱いを避ける大きな理由は次の2つです。

1．700万円～1600万円の価格帯の物件を売主として販売しても利益は新築ワンルームの1／3程度しかないため。

2．売主として販売すると2年間は、物件の修繕をする義務が不動産会社にあり、築20年～30年程度の物件だと、その負担が多くあるため。

また、中古物件の価値判断には手間がかかります。**多くの不動産会社は手間がかかるのを避けるために築15年～30年の中古物件の扱いに重点を置きませんが、物件の価値判断、分析こそ売り物のない不動産屋が最も重要視していることです。**新築から築浅物件を販売するほとんどの不動産会社は物件の仕入れをそれほど重視しません。しかし、私たちにとって仕入れはとても重要な部分です。中古物件の価値をしっかり把握できれば、お客さまへ新築よりもずっと安い価格で安定した利益を提供することができるからです。

まず、私たちが着目するのは場所です。中古マンションには、すでに開発が済んでしまった駅から近い場所でも物件があるという利点があります。通常、街の開発は駅周辺から広がっていきます。新築の場合はすでに開発が済んでしまった場所から離れてしまい、利便性が悪くなるというデメリットがありますが、中古であれば立地がいい物件を選ぶことができるのです。

これには、入居者にとってメリットがあるだけではなく、立地がよい物件は管理する側にとっても家賃保証をしやすい、というメリットがあります。私たちは東京都23区、神奈川県の主要都市の家賃相場と空室率を調べ上げ、家賃保証が可能な物件のみを扱います。家賃保証が可能、という場所は立地が良く人気があるため、空室が出るリスクが非常に低いことに繋がります。実際、私たちが取り扱う物件は空室期間が長くても1〜2ヶ月で、3ヶ月間空室が続くといったことはほとんどありません。

もちろん、これはただ人気があるエリアだからというわけではなく、物件そのものの分析があってこそです。私たちは私たち自身の目で視察した物件をお客さまへ提供します。駅から徒歩で何分か、ということでも、実際に歩いて確認します。建物の外観、エントランスやポストも確認しますし、ゴミ捨て場がきれいか、空室具合といったことも確認します。建物だけではなく、近くにスーパーがあるか、騒音はどのくらいか、ということもしっかり自分たちで視察します。

そして、

「この物件に住んでみたい！」

そう思った物件だけをお客さまに提供します。なぜならば、私たちが住みたいと思う物件は、他の方でも住んでみたいと思う魅力的な物件だからです。もちろん、魅力的な物件を見つけることは大変です。ただ外観を見ただけでは分かりませんし、建築時の資料をあたって調べなくてはいけない情報もあります。しかし、**私たちはその「魅力的な情報」を集めることにこそ、重点を置いているのです。**

【売り物のない不動産屋からのアドバイス】

・家賃収入でお金を稼ぎたいなら、賃料が下がりにくい物件を見抜くこと。

・新築ワンルームマンションで賃料10万円のものが、20年〜30年後に賃料6万円になることは考えられるが、築20年の中古ワンルームマンションで賃料6万円が、今後2万円程度になることは都心では考えにくい。賃料の下落幅は新築と中古では全く違う。

・みなさんは、東京23区で、外観タイル貼りで、オートロックのある、2万円の賃料のワンルームマンションを見たことがあるだろうか?

東京の中古マンションにこだわる理由

私たちは、「東京（一部川崎・横浜）」「中古マンション」しか扱いません。

まず、私たちが東京にこだわる理由をご説明します。日本全国、人が住んでいる場所にはどこにでも賃貸の物件があります。北海道から九州、沖縄まで、賃貸のマンションやアパートがあります。インターネットを使えば、遠く離れた土地の物件について、築何年なのか、広さ、価格はどのくらいか、周りの交通機関や施設はどうなのか、という情報を集めることができます。それに、どこに住んでどこで仕事をしていようと、物件のオーナーになりさえすれば、家賃収入を得ることはできます。しかし、ここで問題なのは、「しっかりした収入を」「毎月安定して」得られるかどうかを考えた場合、私たちは東京の物件を押さざるを得ません。

一点目は、今後の人口です。現在の日本は少子化が進んでいます。先にも書きましたが2014年の日本の総人口は約1億2700万人、2050年には1億人を下回ると予想されています。全国的に見れば、地方からはどんどん人が離れ、都会に人が集中するようになるでしょう。全国の人口増減を見てみると、人口が1%以上増加している都道府県は埼玉県、千葉県、東京都、神奈川県、愛知県、滋賀県、沖縄県だけです。このデータから地方のアパートやマンションは今後、どんどん空室化が進む、と私たちは見ています。**現在でも全国の賃貸用住宅の空室率が15%以下なのは、実は東京都だけです。**

二点目は家賃相場です。**全国で賃貸ワンルームマンションの月額家賃が平均5万円以上の都道府県は、埼玉県、千葉県、東京都、神奈川県、兵庫県とたったの5つです。**地方の物件は、安く買うことができますが、毎月の家賃収入という点では、低いと言わざるを得ません。さらに、家賃は低くても都心部と同じように管理費や修善積み立て金を取られ、実質的に利回りが低いこともあります。

三点目は、その物件をしっかり分析、管理できるか、ということです。東京以外にも、名古屋や大阪、福岡などの都市部、もちろん地方にも優良な物件は在ると思います。しかし、その物件をしっかり分析、管理するには、実際の建物や内装、周辺の環境などを「実際に目で見る」必要があると思っています。私たちは東京を拠点にしているため、遠方の都市や地方では、分析管理に不安がある、と考えています。**私たちはお客さまに「ある程度の家賃収入が安定的にとれる物件」しか提供しません。**となると、今後の人口動態、室率、そして分析、管理の面から考えて、東京と東京近郊の、しかも人口が集中している人気のあるエリアのみ、という形に条件を絞らざるを得ないのです。

しかし、裏を返せば、これらの要件を全て満たす物件は「優良物件」です。エリアを絞ることが、逆にいい物件に巡り合う確率を高めることに繋がるのです。

成功する不動産投資には何が必要なのか、そして失敗する不動産投資は何が失敗の原因なのか。私たちはそれらをしっかり考えた上で、お客さまへ物件を提供することを心がけているのです。

【売り物のない不動産屋からのアドバイス】

・賃貸経営は人口が多い場所でしか安定して成立しない。

・常に前向きに攻めていく考えの方が、地方物件で利回りの高い不動産を購入して賃貸経営する事例があるが、短期的には良いが、5年、10年すると失敗したと言いながら相談に来る方が非常に多い。

次のページで統計資料をもとにした具体的な数字を紹介します。東京の物件がいかに有望かが理解できると思います。

東京都 大阪府 愛知県 2011年中古マンション築年数別平均価格

（坪単価：単位／万円）

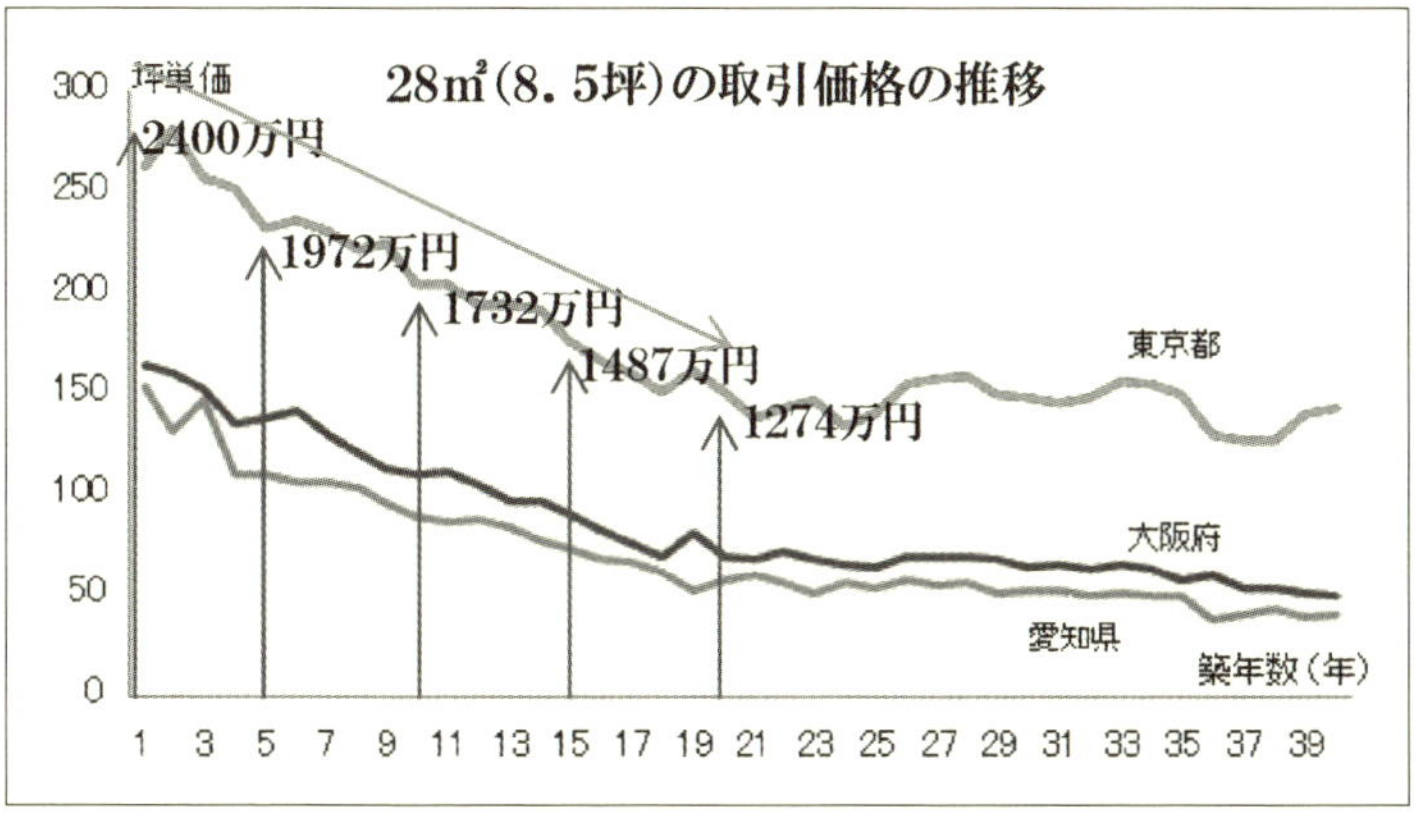

東京都 大阪府 愛知県 築年数別中古マンション坪単価（2011年流通物件）

市区郡	築1年	築2年	築3年	築4年	築5年	築6年	築7年	築8年	築9年	築10年
東京都	261.4	279.7	256.6	251.8	232.1	234.9	230.2	220.9	224.3	203.8
大阪府	163.2	159.1	151.6	134.4	137.4	141.4	129.7	120.7	111.7	109.0
愛知県	153.3	131.2	147.0	109.4	109.2	105.1	106.2	103.5	95.1	88.6
	築11年	築12年	築13年	築14年	築15年	築16年	築17年	築18年	築19年	築20年
東京都	204.1	193.6	193.5	190.5	175.0	166.0	159.9	149.9	161.2	149.9
大阪府	111.0	103.8	97.1	97.1	89.6	82.3	74.9	69.0	81.2	69.3
愛知県	86.6	87.4	82.9	76.6	72.8	67.6	66.9	61.1	52.4	56.7
	築21年	築22年	築23年	築24年	築25年	築26年	築27年	築28年	築29年	築30年
東京都	137.4	142.6	146.9	133.3	139.3	154.2	157.2	158.0	148.5	147.6
大阪府	67.0	71.1	67.3	65.2	64.1	68.9	68.4	69.0	67.3	64.0
愛知県	59.5	55.2	50.9	55.8	53.8	56.8	55.1	55.3	50.6	52.3
	築31年	築32年	築33年	築34年	築35年	築36年	築37年	築38年	築39年	築40年
東京都	144.7	147.9	155.8	154.7	148.4	128.9	127.3	126.7	140.4	142.1
大阪府	64.6	61.9	65.6	62.2	57.3	59.5	53.0	52.7	50.0	49.9
愛知県	51.9	49.2	50.6	49.7	48.8	37.6	39.6	43.0	38.3	40.3

タイプ別築年数別の理論賃料指数（東京23区）

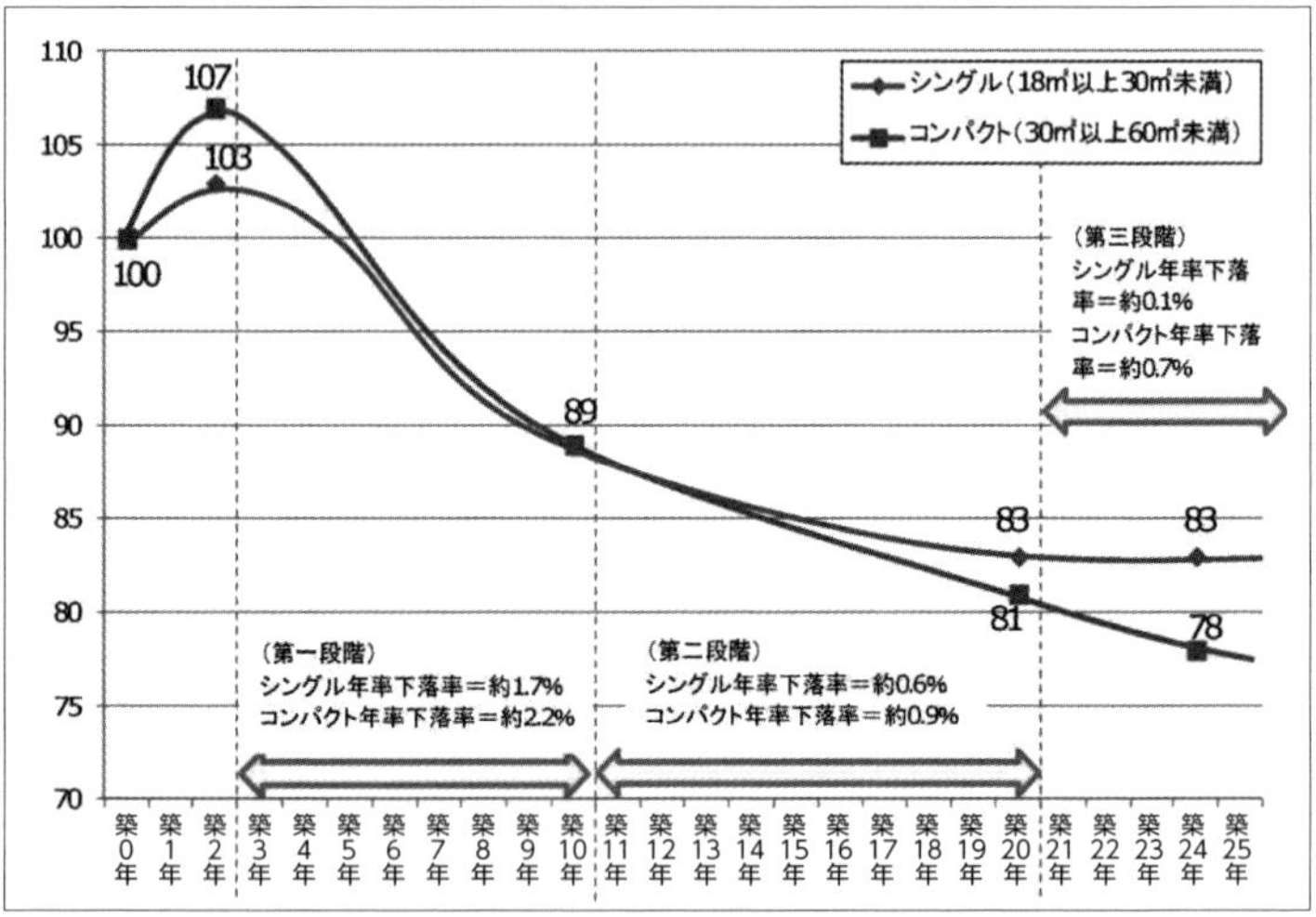

※賃料は築３年から下落が始まり、築10年までが最も下落幅が大きい。その後は緩やかに下がり続け、築20年辺りをめどに下げ止まる傾向にある。

世界の大都市人口ランキングトップ15

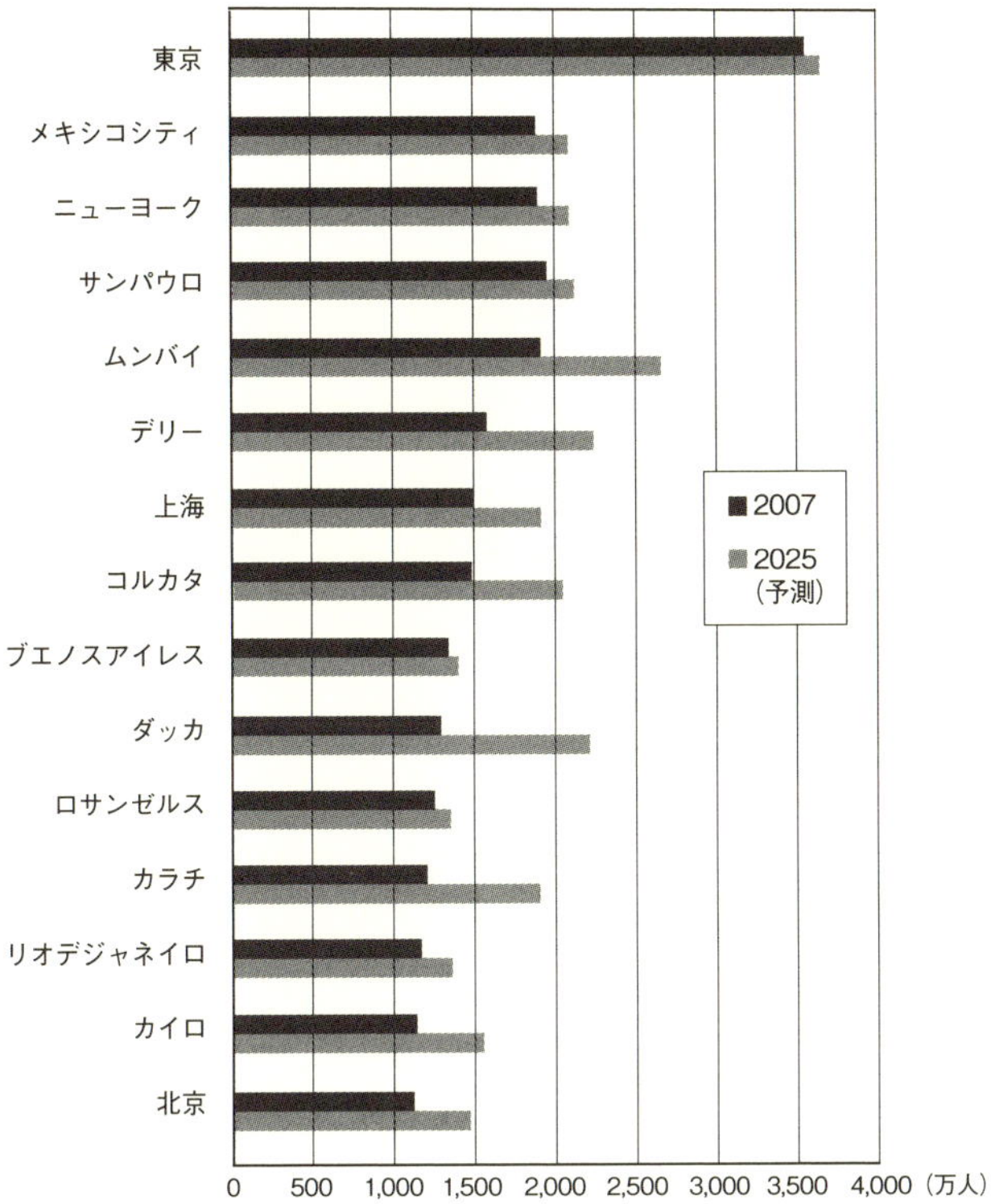

※各都市の人口は周辺都市も含め、就労人口として換算。東京は横浜・川崎・千葉・埼玉からの就労人口も含む。　(State of world's cities「UN – HABITAT」参照)

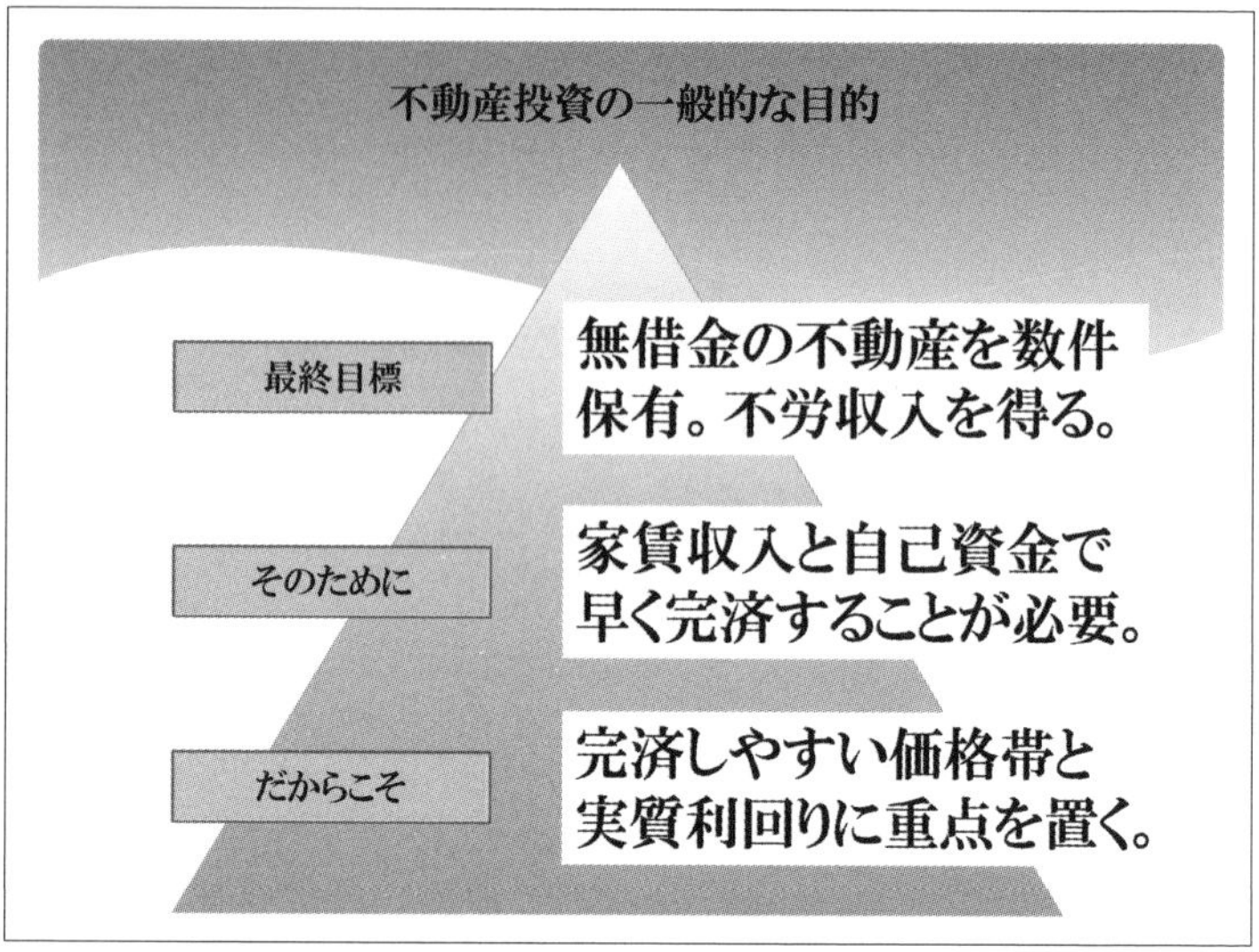
不動産投資の一般的な目的
最終目標
無借金の不動産を数件保有。不労収入を得る。
そのために
家賃収入と自己資金で早く完済することが必要。
だからこそ
完済しやすい価格帯と実質利回りに重点を置く。

当社の扱う低価格・高利回りの中古ワンルーム

【立地条件】

・東京 23 区のなかでも厳選した高稼働エリアを、適切な保証賃料にてご提案
・中央区・渋谷区・新宿区・中野区・文京区・品川区・目黒区・世田谷区・杉並区・豊島区・大田区
・東京の城南城西エリアかつ、人口転入者数が増えている練馬区や板橋区など
・横浜・川崎など（東急東横線、東海道線）
・震災時の火災危険度や倒壊危険度の高い城東エリアは扱わない（足立区・江戸川区・葛飾区・江東区など）

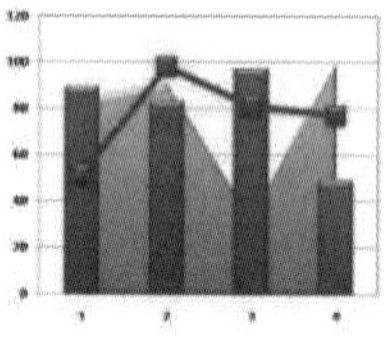

【物件条件】

・築 10 年から築 28 年（新耐震かつ大規模修繕工事実施済み）の 700 万円～ 1,200 万円台
※大規模修繕工事は屋上防水・外壁補修・鉄部補修を終えたもの
・駅徒歩 10 分以内の家賃 45,000 円～ 90,000 円
・価格と家賃によってはここ数年の需要増から 1 階も検討に
・家賃支払い比率は上限が収入の 25%以内のため、圧倒的に多い収入層の年収 250 万円～ 450 万円の方の入居を狙っている

主要都市の家賃相場

都道府県名	1R/1K/1DK	1LDK/2K/2DK	2LDK/3K/3DK	3LDK/4K/4DK
北海道	3.5	5.0	6.4	9.0
宮城	4.3	6.9	8.1	11.9
埼玉	5.2	6.5	8.5	10.0
千葉	5.4	6.8	8.3	10.2
東京	7.3	11.6	15.4	19.9
神奈川	6.0	8.2	9.9	12.5
新潟	4.3	5.5	6.3	8.8
静岡	4.4	5.5	5.7	8.3
愛知	4.9	6.5	7.1	9.1
京都	4.8	6.6	8.1	9.4
大阪	4.9	6.8	7.7	9.0
兵庫	5.1	6.4	7.4	9.8
広島	4.0	5.7	6.7	8.5
福岡	4.0	6.0	6.8	8.4
沖縄	4.6	5.6	7.5	11.1

（単位：万円）

主要都市の想定利回り

都道府県名	すべての物件	区分マンション	一棟アパート	一棟マンション
北海道	14.5	18.7	13.1	12.7
宮城	12.1	13.0	11.3	10.3
埼玉	11.4	11.8	12.3	9.3
千葉	11.5	12.7	11.5	9.6
東京	8.1	8.1	8.5	7.8
神奈川	10.1	10.6	9.8	9.3
新潟	11.1	11.1	—	—
静岡	13.4	14.5	10.9	—
愛知	11.4	12.8	7.6	9.2
京都	9.8	9.8	11.7	8.9
大阪	11.4	11.3	16.8	10.3
兵庫	11.0	11.0	12.1	8.3
広島	12.7	12.7	—	—
福岡	11.4	11.6	9.9	9.8
沖縄	8.3	8.3	—	—

（単位：%）

東京都23区の家賃相場と空室率を想定した平均価格

区	月額家賃相場	満室想定年収	平均利回り	平均価格	空室率	空室損失	空室想定年収	適正価格
千代田区	10.10万	121.2万	7.3%	1660.3万	36.5%	44.24万	76.96万	1054.3万
中央区	10.00万	120.0万	7.2%	1666.7万	27.7%	33.24万	86.76万	1205.0万
港区	11.50万	138.0万	6.9%	2000.0万	13.9%	19.18万	118.82万	1722.0万
新宿区	8.50万	102.0万	8.1%	1259.3万	15.0%	15.30万	86.70万	1070.4万
文京区	8.10万	97.2万	6.9%	1408.7万	13.1%	12.73万	84.47万	1224.2万
台東区	8.60万	103.2万	8.1%	1274.1万	18.4%	18.99万	84.21万	1039.6万
墨田区	8.00万	96.0万	7.5%	1280.0万	9.8%	9.41万	86.59万	1154.6万
江東区	8.20万	98.4万	8.1%	1214.8万	7.4%	7.28万	91.12万	1124.9万
品川区	8.30万	99.6万	8.0%	1245.0万	7.6%	7.57万	92.03万	1150.4万
目黒区	8.80万	105.6万	7.8%	1353.8万	28.2%	29.78万	75.82万	972.1万
大田区	7.30万	87.6万	8.0%	1095.0万	17.4%	15.24万	72.36万	904.5万
世田谷区	7.40万	88.8万	8.5%	1044.7万	11.9%	10.56万	78.24万	920.5万
渋谷区	9.40万	112.8万	7.0%	1611.4万	14.8%	16.69万	96.11万	1372.9万
中野区	7.00万	84.0万	8.4%	1000.0万	9.9%	8.32万	75.68万	901.0万
杉並区	6.90万	82.8万	8.3%	997.6万	12.9%	10.68万	72.12万	868.9万
豊島区	7.20万	86.4万	7.7%	1122.1万	18.9%	16.33万	70.07万	910.0万
北区	6.90万	82.8万	8.2%	1009.8万	12.1%	10.02万	72.78万	887.6万
荒川区	7.30万	87.6万	9.0%	973.3万	20.5%	17.96万	69.64万	773.8万
板橋区	6.50万	78.0万	8.8%	886.4万	14.3%	11.15万	66.85万	759.6万
練馬区	6.40万	76.8万	8.7%	882.8万	15.5%	11.90万	64.90万	745.9万
足立区	6.30万	75.6万	10.6%	713.2万	18.2%	13.76万	61.84万	583.4万
葛飾区	6.00万	72.0万	10.8%	666.7万	16.9%	12.17万	59.83万	554.0万
江戸川区	6.40万	76.8万	8.1%	948.1万	12.5%	9.60万	67.20万	829.6万

大阪市・名古屋市・福岡市の家賃相場と空室率を想定した平均価格

市区郡	月額家賃相場	満室想定年収	平均利回り	平均価格	空室率	空室損失	空室想定年収	適正価格
大阪市中央区	6.4万	76.8万	9.0%	853.3万	19.6%	15.05万	61.75万	686.1万
大阪市西区	6.3万	75.6万	8.7%	869.0万	22.1%	16.71万	58.89万	676.9万
大阪市福島区	6.1万	73.2万	8.8%	831.8万	17.5%	12.81万	60.39万	686.3万
名古屋市東区	6.1万	73.2万	9.6%	762.5万	18.5%	13.54万	59.66万	621.4万
名古屋市中区	5.8万	69.6万	9.2%	756.5万	22.3%	15.52万	54.08万	587.8万
福岡市博多区	4.6万	55.2万	9.0%	613.3万	20.4%	11.26万	43.94万	488.2万
福岡市中央区	4.6万	55.2万	9.8%	563.3万	19.3%	10.65万	44.55万	454.6万

※物件調査条件は専有面積 20㎡の築 15 年～築 25 年、駅徒歩 10 分以内を対象

首都圏ワンルームマンション供給戸数

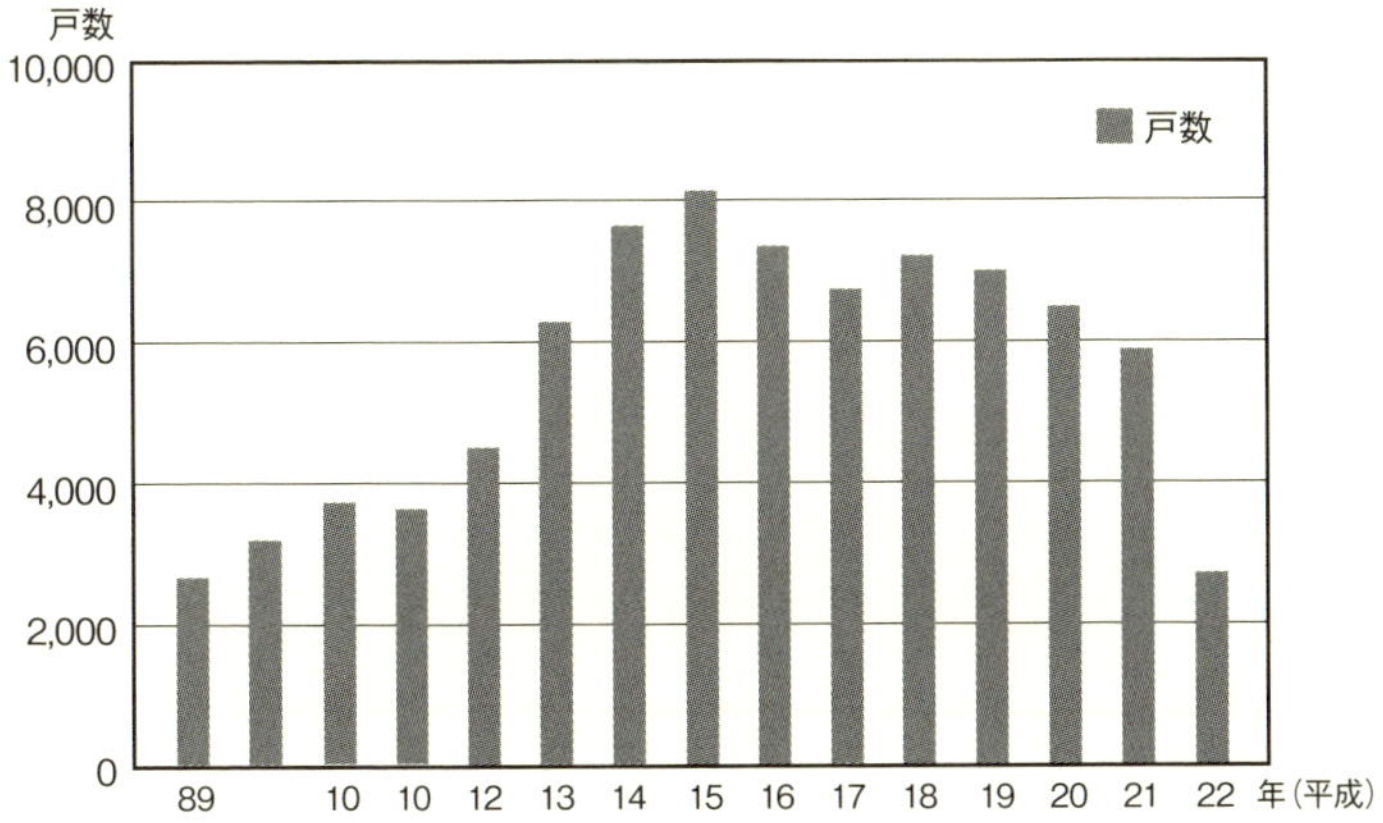

東京23区の規制の内容（2011年4月現在）

エリア	規制内容	規制法令
千代田区	専用面積 22 ㎡以上／総戸数 20 戸以上の場合、住戸（40 ㎡以上）の専用面積の合計が全住居の専用面積の合計の 1/3 以上	指導要綱
中央区	住宅戸数 10 戸以上の場合、40 ㎡以上の住戸の合計面積が全体の 1/3 以上。その余りの住戸は 25 ㎡以上	条例
港区	総戸数7戸以上／専用面積20㎡以上（商業地域）、25㎡以上（商業地域外） ／総戸数30戸以上の場合は、用途地域区分に応じた家族向け住戸併設	条例
新宿区	3 階建以上／総戸数 10 戸以上／専用面積 25 ㎡以上／住戸数 30 戸以上の場合は、40 ㎡以上の住戸を併設	条例
品川区	3 階建以上／総戸数 15 戸以上／専用面積 20 ㎡以上（第 1 種低層住居地域は 25 ㎡以上）／住戸数 15 ～ 19 戸の場合は 1 戸以上、 住戸数 20 ～ 29 戸の場合は 2 戸以上、住戸数 30 戸を超える場合は、用途地域に応じて 40 ㎡以上の住戸を併設	指導要綱
大田区	総戸数15戸以上／専用面積25㎡（低層住居系）、最低20㎡以上（その他の用途地域）／ 総戸数15～30戸の場合、37㎡以上の住戸を1戸以上、また30戸を超える場合、用途地域に応じて37㎡以上の住戸を併設	指導要綱
世田谷区	3 階建以上／総戸数 12 戸以上（住宅系地域）、総戸数 15 戸以上（商業系地域）／専用面積 25 ㎡以上／総戸数 30 戸を超え、 且つ延べ床面積 1,500 ㎡以上の場合、30 戸を超える 1/2 以上は 50 ㎡以上の住戸を併設	条例
渋谷区	3 階建以上／総戸数 15 戸以上、且つ総戸数の 1/3 以上が 29 ㎡未満／専用面積 20 ㎡以上（第 1 種、第 2 種低層住居地域）、 18 ㎡以上（その他の用途地域）／用途地域に応じて 39 ㎡以上の住居を併設	条例
中野区	3 階建以上／総戸数 15 戸以上／専用面積 20 ㎡以上（第 1 種、第 2 種低層住居地域）、18 ㎡以上（その他の用途地域） ／全住戸数の 1/5 以上の住戸の専有面積を 39 ㎡以上併設	指導要綱
杉並区	3 階建／総戸数 20 戸以上／専用面積 25 ㎡以上／総戸数 30 戸を超える場合は、40 ㎡の住戸を 1/2 以上併設	指導要綱

※新築ワンルームマンションの供給戸数が減少しており、中古ワンルームの希少価値が高まっています。

一般的な市場の傾向

価格が安い↓＋利回りが高い↑

▼

古すぎてしまう傾向（昭和56年6月1日以前の旧耐震が多い）

新築、または築浅物件

▼

価格が高い↑＋利回りが低い↓

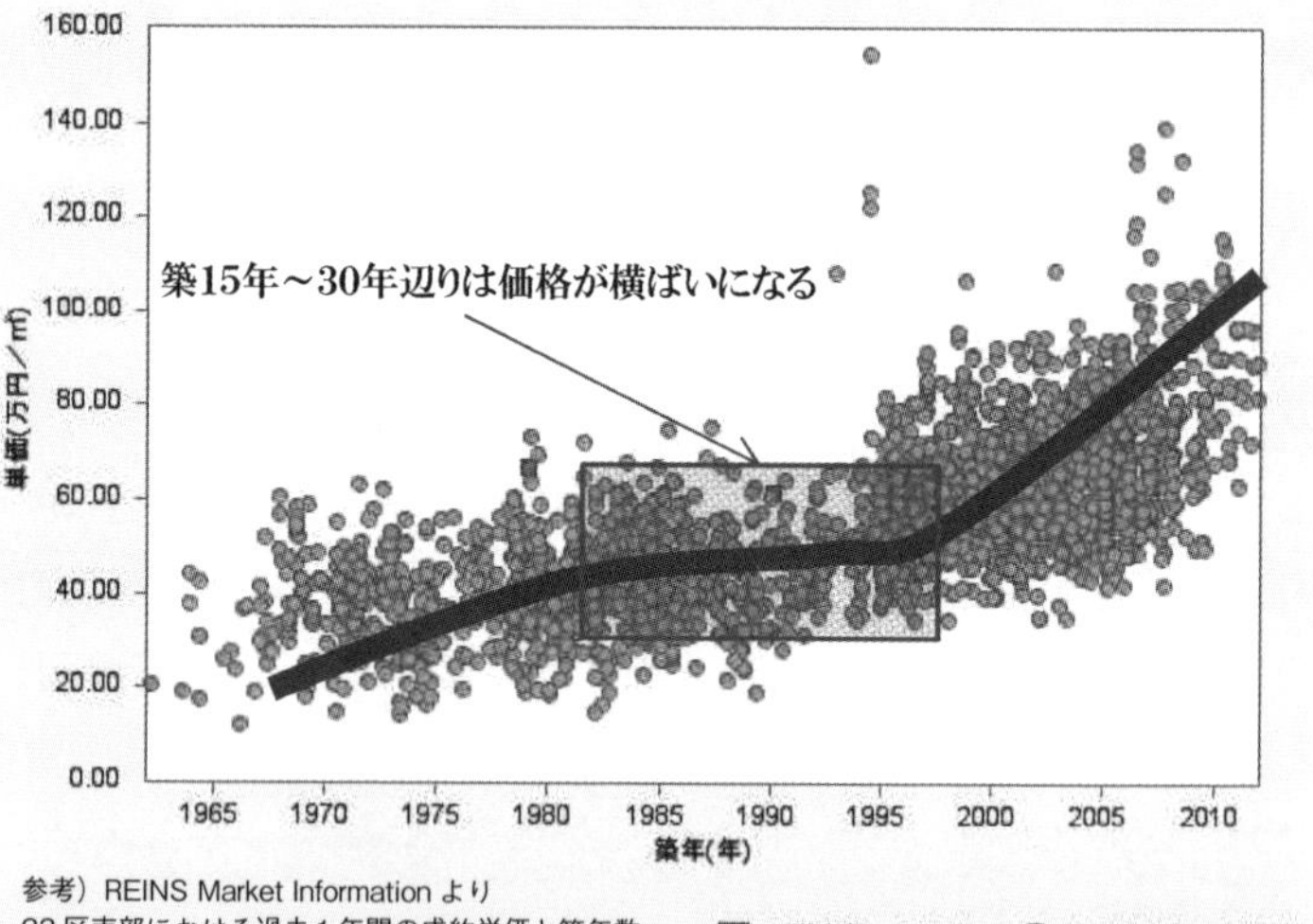

参考）REINS Market Informationより
23区南部における過去1年間の成約単価と築年数

ポイント
・築後15年程度で取引相場が安定する傾向にある。
・旧耐震の物件は下落幅が拡大する傾向にある。
（昭和56年５月31日以前に建築確認を取得した物件）

理由として、金融機関からの資金調達が困難になることや、耐震性への不安があるため。

中古ワンルームマンションの安心家賃保証

不動産投資での大きなリスクの一つに、「物件が空室になる」ことがあげられます。例えその物件にどれほどの収益性があったとしても、入居者がいなければ家賃収入はありません。これは新築であっても、中古の物件であっても同じです。また、今現在入居者がいたとしても、この先入居者が入り続けるとは限りません。そのために、多くの不動産管理会社では「家賃保証サービス」を行っております。「家賃保証サービス」とは、文字通り「購入した物件に入居者がいない場合、家賃相当分の額を支払う」というサービスです。購入された方にはリスクヘッジとして効果のあるサービスですが、多くは「空室後一ヶ月ないし二ヶ月間はオーナーさまご負担」であったり、保証される額が「相場賃料の8割」というサービスであったり、「保証期間はお客さまが購入後数年間のみ」というケースがほとんどです。

ここで一つ問題があります。通常、しっかりした物件を購入された場合、その部屋が空室になるのは、多くの場合一・二ヶ月間です。もし「空室後一ヶ月ないし二ヶ月間はオーナーさまご負担」という条件がついていた場合、毎月の家賃収入から引かれる保証料金はほとんど無駄になってしまいます。

また、保証期間が、例えば、「購入後5年間」だとすると、購入後5年以上経ってから入居者が入らない場合は保証の対象にはなりません。どうしてこのようなサービスになってしまうのでしょうか。それは、保証する家賃分は管理会社側の負担になってしまうからです。どれだけ空室の期間ができるのかをきちんと把握できる物件は多くありません。もし、ずっと購入した物件に入居者が入らない場合、管理会社は保証分を払い続けなければなりませんから、そのリスクをなるべく小さくするために保証する費用や期間が限定されてしまうのです。

しかし、「しっかりとした家賃保証」が提供できるケースがあります。それは「空室率が予測できている物件」の場合です。一つ一つお客さまへ販売する物件を分析し、その物件が空室率の低い優良なものであると判断できれば、保証の限定を小さくすることができます。

販売する物件を吟味し、優良な物件のみを販売することで、お客さまが望む「家賃保証サービス」を提供することが可能になります。

【売り物のない不動産屋からのアドバイス】

・売り物のない不動産屋では、お客さまが購入してから期間など関係なくお客さまが所有してるかぎり家賃保証をしている。もちろん永続的に保証金額が同じではなく、変更する可能性もあるが、必ず賃料が振込まれる。おかげさまで大好評！

・所有している限り続く家賃保証は、オーナーさまにとって最大の安心！

お客さま目線の管理代行業

前に書きましたが、お客さまの多くは本業を持ちながら不動産事業（不動産投資）を行っていらっしゃいます。そのため、物件の管理はご自身ではなく、管理代行会社が行います。前の章にも書いたとおり、不動産投資は物件を買って終わりではないのです。むしろ買ってからが始まり、というべきでしょう。

いくら立地や間取りがよくとも、物件の管理がしっかりしていなければ、入居者がつきづらくなります。例えば、エントランスや共有部分の清掃が行き届いていなかったり、入居者からのクレームにいい加減に対応したりすれば、当然物件の魅力そのものに響きます。管理がどの程度なされているかも、物件の価値に関わります。

また、管理業務と一言で言っても、その内容は付属品の故障対応や、家賃の回収、更新手続き、さらには空室時の入居者募集、退去時の立ち会い、その後のリフォームなど、本当に多くのことが当てはまります。これらの管理業務を一通りこなすだけでもかなりの知識や手間が必要です。ご自身のお仕事を持ちながら不動産投資をされる方は管理代行業者を通して物件の管理をされていますが、売り物のない不動産屋である私たちはこの管理代行業務にも大きな力を入れています。

マンションをまるまる一棟を管理しているわけではありませんが、その建物、そしてその建物があるエリアを管理する気持ちで動きます。１００室のホテルのうち、10部屋を管理していて、その部屋だけではなく、ホテル全体を管理すると言うイメージです。確かに手間はかかりますが、そのホテル全体を魅力的なホテルにできれば、私たちの管理する10部屋にも多くの人を呼び込めます。ホテルに泊まっていただいた方も、ホテルを管理する側も満足するＷｉｎ－Ｗｉｎを追求しています。

私たちには、お客さまへ管理についての「8つの約束」があります。

1. 家賃滞納は迅速に解決

物件の管理を行う上で、家賃滞納は大きな問題です。家賃の滞納があれば、オーナーさまの収入がなくなってしまうからです。管理会社によっては入居者と連絡をとらずに家賃の振込を待つだけ、というところがあるようですが、私たちは必ず、直接入居者とやり取りをして円滑に解決します。家賃の滞納にはいろいろな理由があり、時には大きな問題になってしまうことがあります。私たちは先手先手で働きかけ、問題が大きくなる前に解決します。

2. 定期的に管理物件を確認

私たちは、オーナーさまの物件はお部屋だけではなく、共有スペース、外観、周辺の様子も含んでいると認識しています。物件を買っていただいた後も、定期的に建物に赴き、共有スペースの蛍光灯の確認、ゴミ捨て場のルールが守られているか、などをお客さまの代わりに確認します。

3．火災・漏水時の事故対応

万が一事故が発生してしまった場合もしっかりと対応いたします。事故が起きてしまった時は私たちがすぐにオーナーさま、入居者、マンションの管理会社や損保会社と連絡を取り、その後の現場検証の立ち会い、入居者だけではなく、隣人の方や保険会社と協議を行い、リフォーム工事から保険金の受け取り、工事完了後の現地確認、賃貸募集までを迅速に行います。私たちは不動産の知識のみならず、損害保険に関しても資格を持っていますので、事故後の対応を素早く行うことができるのです。

4．入居者が退去後、迅速なリフォーム作業

入居者が退去した後のリフォームも管理の大事な要素です。リフォームが終わらないうちは、次の入居者が入ることはできません。退去後のリフォームを素早く行うことで、空室のリスクを最小限に抑えます。入居者が退去した後は、2週間以内

にリフォームを完了し、次の入居者が住めるように私たちが手配します。

5. 入居者退去後の適切な敷金精算

入居者退去時に問題になりやすいのが、敷金の清算です。これについても私たちの専門スタッフが入居者と対応しますので、敷金の清算トラブルを未然に防ぐことができます。

6. 早期入居募集

物件が空室になった場合は、即座に提携のある大手賃貸仲介業者、地場の仲介業者へ情報を一斉公開します。入居者が退去することが決まった時点で、リフォーム作業と並行して入居者を募集して、早期の入居を目指します。

7. 設置済みエアコン、給湯器の2年保証

物件の管理にはエアコンや給湯器など、備品の修繕や取り換えも含まれますが、

オーナーさまの突然の出費を抑えるために、購入後二年間は私たちがこの部分を負担しています。

8．確定申告書作成時に格安にて代理作成する税理士を紹介

不動産投資は事業です。年間の家賃収入と経費を計算し、確定申告をしなければなりません。ご希望されるオーナーさまには私たちの顧問税理士を紹介していきます。私たちは適正な手続きを用いて、オーナーさまの確定申告にかかる負担を軽減させて頂いています。

【売り物のない不動産屋からのアドバイス】

・安心できる賃貸管理体制が確立していれば、本業の仕事に影響することなく、何戸でも安心して投資用不動産を持つことができる。
・つまり、自分自身で働かないでも入ってくる収入を作ることができる。

最高の管理とは、信頼を築く管理コンサルティング

同業者の知り合いからよく言われることがあります。

「そんな面倒くさいことをよくやるな」、です。

私たちのやっていることの、どこが面倒くさいことに見えるのか、それは次の3つです。

1. 価格の安い700万円~1600万円の物件を売主として販売しているため、利益は新築ワンルームマンション販売の1／3程度であること。

2. 築20年~30年前後の中古ワンルームマンションを売主として販売しており、購入後、2年間は無償で修繕工事を実施していること。

3. 家賃保証をお客様購入後、所有している限り期間など関係なく行っていること。

確かに、私たちのような不動産会社は、私たち以外には見当たりません。

他の不動産会社は、家賃保証に力を入れませんし、わざわざ物件を見に行ったりもしませんし、細かく物件を分析して仕入れたりはしません。私たちが行っていることはとても手間がかかりますし、そのための費用や時間も馬鹿になりません。

しかし、どうしてそこまで手間と時間をかけ、お客さまへなるべく負担が少ないようなサービスを提供するのか。それは、お客さまのために他なりません。

私たちも、以前はいわゆる「どこにでもある不動産会社」で働いていました。扱うのは手間のかからない、値段の大きい新築物件です。物件の分析にそれほど力を入れるわけでもありませんし、お客さまが購入された後の管理についても手間をかけたりしませんし、手厚い保証などしていませんでした。しかし、それで苦しむお客さまをたくさん見てきました。

買う前に話していたことと現実の収入が年数が経過する毎にどんどん違うものになり、物件を購入したお客さまがだんだんと疲弊していくのです。家賃収入が計画通りにいかず、ローンが返済できなくなり、購入した物件を売却しても、売却額がローン残債額に全く届かず、残債の不足分を更に預貯金から払うことになる。そんなお客さまを何人も見てきました。でも、多くの不動産会社はそんなことは気にしません。また新しく新築の物件を買ってくれるお客さまを捕まえて、また買わせればよいのです。新築ですから、扱う金額も大きくなり、利益は大きいものになります。

そもそも不動産というのは、もっと生活に密着したものです。生きていれば住む場所が必要です。全ての人は不動産と常に関わっています。**せっかく不動産を購入されるのであれば、お客さまにとってプラスになるものをお売りしたい、そう思って私たちはこの会社を立ち上げました。**もちろん、慈善事業ではありませんから、私たちにも利益が出なくてはいけません。もし、私たちが新築マンションの販売や、それほど物件を吟味することなく、管理もとにかく安くあげるのであれば、多くの利益を得ることができるでしょう。しかし、それでは、お客さまとの関係は長く続きません。私たちはお客さまと長く付き合いながら、一緒に利益を上げていく、そんな関係を作りあげていきたいのです。立ち上げの当初はなかなか事業が軌道に乗らず、苦労の連続でしたし、現在も全てが順調というわけではありません。しかし、お客さまからはいつも感謝の言葉を頂いています。手間はかかりますが、それだけプラスになることがあると私たちは信じているのです。

不動産と上手く付き合い、お客さまとＷｉｎ－Ｗｉｎの関係を築く。それこそが長く事業を続けていく最善の方法であると考えていますし、私たちはこれからもずっとその方法を続けていくつもりです。

【売り物のない不動産屋からのアドバイス】

・売主も買主も、両方がプラスになる取引が成立しなければ、いい不動産売買とは言えない。

・最高の付加価値は、「人というサービス」を提供すること

ただ不動産を売るだけでなく人生計画の相談役

私たちは不動産の、中古マンションを売っています。でも、私たちが心がけていることは、ただの販売ではありません。最終的な目的は、**お客さまへ不動産を提供することでいかに人生の資金計画を立てるか、不動産というものをいかに人生の役に立つものにするか、ということなのです。**

先ほども言った通り、不動産というのは実はとても身近なものです。みなさんの中で賃貸物件を借りている方は、「住み始めてからずっと家賃を払い続けているけれど、自分がこの部屋に住む前も、誰かが家賃をこの部屋のオーナーへ払い続けている。もし自分が引っ越しをしても、また入居してきた人が家賃を払い続ける……。もし自分がずっと賃貸の物件に住み続けていたら、その家賃をずっと受け取っている人がいる」ふと、そんなことを考えたことはありませんか。もし「この部屋に住みたい！」

と言う人が多くいる物件であれば、家賃を払って住んでくれる人がずっといるということなのです。幸い、現在はインターネットが発達し、物件の情報はすぐに手に入れることができます。立地は優れているか、周辺の価格帯はどの程度なのか、どんな場所にある建物なのか、といったことを判断するのによい環境が揃っています。魅力的な物件のオーナーは数年間、数十年間、家賃収入を得ることができます。

そう考えた時に、私たちは不動産がいかに素晴らしいか、ということに気づきました。安定して家賃収入を得られるということは、人生の資金計画を立てやすいということに繋がります。終身雇用の時代は過ぎ、年金がもらえるかどうかもわからない、そんな時代でもいい不動産を持っていれば、年齢も社会経験も、仕事をしているかどうかも関係なく、毎月一定の収入を得ることができるのです。

もしそんな権利を持っていたら、どうなるでしょう。給料のために嫌な会社生活にただ耐えるように働いてきた方も、自分の収入がなく夫の収入しかなかった専業主婦の方も、将来どうなるかわからないからと不安におびえながら貯金しかしてこなかった人も、お金の心配がなくなるのです。経済的な自由を得ることができるのです。私たちは、お客さまにぜひそうなって欲しい。人生でのお金に関する不安に、少しでも力になりたい。私たちはそのために、お客さまへよい不動産、よい管理の方法、そして、よい資金計画の立て方を提供しています。

もちろん、それには手間がかかります。しっかり不動産を分析し、日々建物の管理に手間をかけ、その物件をより魅力的にするために様々なことを考えなくてはいけません。しかし、**押さえるべきところを押さえれば、よい物件にめぐり合うことができますし、それがいい資金計画を立てることに繋がり、お客さまがよい人生を送ることに繋がる**。そして、私たちはお客さまが得たよい人生から、少しばかりのおすそ分けを頂く。このＷｉｎ－Ｗｉｎの関係を、本書をお読みいただいているあなたと築いていけたらと思っています。

【売り物のない不動産屋からのアドバイス】

・みなさんの夢は何ですか。夢を実現するには、お金が必要なことがある。お金の余裕があり、時間の余裕もできれば、夢の実現にチャレンジしやすくなる。

・みなさんには、家賃収入を獲得して、人生が大躍進するチャンスを手に掴んでいただきたい。

・まずは、行動しないことには何もはじまらない。

第五章　不動産が人生のパートナーになる

不動産投資をしている方というとどのような人を思い浮かべるでしょうか。資産家、大手企業の幹部、事業をいくつも兼任している実業家、そういった「限られた人」と思われる方は多いと思います。

しかし、私たちのお客さまである投資家の方々はそのような特別な人は多くありません。ほとんどは普通に仕事をして、普通の生活をしている、ごく普通の方たちです。

この章では私たちを選んで頂いたお客さまがどんな方たちなのか、どのように不動産投資をされているのかをご紹介します。

マイホームを購入した途端、転勤に！

（二十代　男性　Ｉさんの場合）

転勤を契機にマンションオーナーになったという人のお話です。Ｉさんのケースは、会社員がマンションオーナーになるなんて夢のまた夢だと思っている人には、大きな学びになると思いますし、読んでいくうちに「なあんだ、私でもオーナーになれるじゃないか！」と気づくかもしれません。

私たちのところへはじめて来られたとき、Ｉさんは28歳でした。大学を卒業後、一部上場企業へ就職された真面目な男性です。Ｉさんは係長に就任され会社からも高い評価を受けていました。素敵な奥さまと2歳になるお嬢さまが一人。奥さまは当初お仕事をされていたそうですが、妊娠を機に退職し、専業主婦になっておられました。

年収は500万円だとお聞きしております。倹約家で、将来のために貯金をしておられ、半年前に築5年ほどの2LDKのマンションを自宅用に購入されたそうです。広さは70㎡ほど、場所は品川区の大きな商店街の近く。最寄り駅から徒歩10分圏内で、奥さまもたいそう気に入られているとのことでした。

そこへ転勤の辞令が出たのです。九州で何年かお仕事をして、その後、本社へ戻ってこられるとのことでしたが、先のことはわかりません。

Iさんは悩みました。住んでいるマンションを売らなければならないからです。奥さまは九州へ引っ越すことを快く受け入れてくれています。会社の命令とあればしかたのないことです。妻として主人を支えるのは当然のことだという意見を持っておられました。

Iさんは不動産のことはまったく知識がありません。素人です。マンションを売るにしても、簡単に売れるのだろうか？　売れなかったらどうすればいいんだろうか？　不安だけが襲ってきます。

とにかくIさんはインターネットを検索して、不動産会社を探しました。「最高額でマンションが売れる」というキャッチコピーに惹かれて、ある不動産会社に問い合わせてみました。

「マンションを売りたいんだけど、どうすればいいでしょうか？」

「まず査定をしてみましょう」

現在住んでいるマンションを査定してもらうと、購入時よりもかなり目減りしていました。つまり、マンションを売っても売却額がローン残債額に全く届かず、残債の不足分を更に預貯金から払うことになるのです。どうしよう、とIさんは思いました。

そんなとき、私共、株式会社クラシコのホームページをご覧になっていただいた様です。まずは、相談窓口へメールを送ってくださいました。

「マンションを売りたいのですが、他社の不動産会社で査定してもらうと、購入時よりも大幅に値下がりしていました。このままではローンだけが残ってしまいます。いい方法はありませんでしょうか？」

私たちはその日のうちに「そういうご相談でしたら、弊社の不動産管理セミナーへ一度参加されてはいかがですか？」という内容のメールを返信させていただきました。ちょうど1週間後に「管理セミナー」があったのです。

Ｉさんは、弊社の管理システムを理解してくださいました。セミナー終了後、個別の相談も受けられました。Ｉさんは、弊社でＩさんのマンションを管理させていただき弊社が管理代行するというシステムを希望されました。私たちもＩさんに喜んでいただきたいと思いましたが、物件を見るまで快い返事はできません。

「しばらく審査の時間をいただけますでしょうか？」

と言って、この日はお帰りいただきました。

Ｉさんのマンションは弊社の基準とは少し外れていましたが、大きな商店街の近くでしたし、駅からも近い立地でした。若い夫婦が、おふたりとお子さまでお住まいでした。傷んだ個所はほとんどありません。壁紙を張り替えて室内クリーニングをする程度で借主はすぐに決まるだろうと私たちは判断しました。

「この物件ですと、弊社の管理システムを導入できますよ」

とお答えするとＩさんは大喜びです。

さっそく契約を済ませ、弊社でマンションの入居者募集をかけました。すると、Ｉさんが引っ越したあと、すぐに借主はつきました。Ｉさんは品川区のマンションの家賃収入でローンを返済し、差額を貯金することにしました。

毎月定期的に連絡しているうちに、Iさんからこのようなお話がありました。

「将来のことを考えると、今から家賃収入の道を模索しておきたいんですよね。他の物件があったら紹介してください」

Iさんは品川の家以外の投資物件を探したいとのことでした。お子さまの将来のため、さらにIさんが定年退職するときには家賃収入と年金だけで生活したいということです。あと三十年余り。Iさんご夫婦にはそれだけの時間があります。夢を実現するには十分な時間です。私たちは、今後もIさんを全力でサポートさせていただきます。

【売り物のない不動産屋からのアドバイス】

- 人生では想定外が当たり前。それが不動産のことであれば、私たちはお客様を末永く情熱をもって支え続ける不動産会社である。
- ビジネスは両者にとって良い取引でなければならない。
- 私たちの管理代行手数料は毎月家賃の４％。

自分へのご褒美にマンションを購入

（三十代　女性　Sさんの場合）

最近は女性でもしっかり仕事をして男性並みに収入を得ている、そんな方も少なくありません。Sさんもその一人です。Sさんはハキハキとした口調で的確に受け答えをすることが印象的で、ご職業を伺うと、某大手企業のマーケティング部門で中間管理職として活躍しているということでした。

しかし、Sさんには一つ悩みがありました。Sさんには結婚の予定があり、旦那さんからは仕事を辞めて家庭のことに専念して欲しいと言われていたそうです。Sさんは仕事が好きでこれからも続けていきたいという思いはあるそうですが、将来子供ができたときは子育てや家事にしっかり取り組みたいとの気持ちもあり、旦那さんからの言葉を受け入れたそうです。しかし気になるのはご自身の収入のこと。

主婦になってしまえばSさん自身の収入はなくなってしまいます。専業主婦ですから収入がなくなってしまうのは仕方がないのですが、**いざというときに備えて自身の収入は持っておきたい、という気持ちがあったそうです。**

一つの選択肢としてSさんは投資用マンションの購入を考えていました。見た目の印象通り堅実なSさんは、就職してからコツコツと貯金をし続け、今では1000万円前半程度の額になっていました。当初は新築の物件のみを探していたそうですが、ある日私たちのセミナーに来ていただいたことがきっかけで、中古マンションを購入して頂くことになりました。決め手となったことは何であったかを伺うと、完済までの期間だったそうです。

もし仮にSさんが約2500万円する都心の新築ワンルームマンションを購入した場合、どのようなローンを組まなければならないかを考えてみましょう。

仮に頭金を一割入れたとして、2250万円のローンを組まなければいけません。35年ローンを組んだとしても3%の金利で月の支払いは8万7千円です。家賃を調べると相場は9万8千円ほど、それも新築でです。管理費や修繕費を支払うとすぐに赤字になってしまう可能性があります。さらに、中古物件となって家賃が下がってしまうと、あっという間に赤字はふくらんでしまいます。保険がわりに持つのも1つの手でしたが、マイナスが長い期間出てしまう気がして新築マンションの購入を見送ったそうです。

そこでSさんはクラシコに相談に来てくださいました。

「新築は持ち続ける分にはいいですが、ローン残債が売却額とイコールになるのが早くて10年、遅いと20年近くかかります」

と率直にご説明させていただきました。その間、月に8千円～1万5千円持ち出ししなければいけなくなります。新築マンションは価値の変動が大きいという特徴がありますので、期間中に想定の家賃収入が入らなくなるという不安もありますので、私たちはお勧めできません。

対して700～900万円の中古のマンションであれば、年間60万円の返済で計画しローンを組んだとしても15年間で完済できますし、Sさんの場合は価格の安い物件であればローンを組むことなく購入することだってできます。ローンを組むことなく一つの物件を購入すれば、家賃収入はすべて手元に残ることになります。その収入を貯めてさらにもう一戸、と手持ちの物件を増やしていくことだってできます。しっかり一つずつコツコツと。その方法であればリスクも少なく、なにより堅実なSさんの生き方に合っている。そう考えられたそうです。

全額現金で購入した日は12月の半ば。大きな贅沢をすることなくしっかりと貯金をしてきたSさんが「自分へのご褒美ですね」と微笑まれたときのお顔は、今でも忘れられません。

今では2戸目の物件をローンを組んで取得されています。Sさんは、1戸目の家賃を2戸目の物件の繰り上げ返済にあてて2戸目を5年間で完済する予定です。私たちも全力でサポートさせていただいています。

【売り物のない不動産屋からのアドバイス】

・将来を前向きに考え、どんな時でも、今日より明日、人生は必ず良くなると信じて行動すること。

・人生において行動は未来をつくる。何も動かないことが一番のリスク。

ガンになってはじめて人生設計を考えた

（四十代男性　Mさんの場合）

Mさんのお話は現代の日本社会の象徴のような気がします。自己責任ということです。会社や行政が私たちの生活を守ってくれるような時代ではありません。昭和の時代は、会社に忠誠を誓う代わりに将来の安定を約束され、私たちは安心して老後を迎えることができました。年金も充実していましたから、後顧の憂いはありませんでした。

ところが、現代は違います。自分の身は自分で守らなければいけません。頼るべきものは自分と家族だけなのです。

Mさんはこう言います。

「ガンになってはじめて、そのことに気づきました」

若いうちは人生設計や老後のことなど気にすることなく暮らしてきたものの、四十代ともなると体調に不安が出てきて、これからのことをつい考えてしまうものです。そんな人が少なくありません。中堅企業で着実に出世の道を歩んできたMさん。学生時代はラガーマンとして活躍していたそうで、服の上からでもとてもがっしりとした体つきであるのがわかります。就職してからも筋トレやジョギングを欠かさず、健康には自信があり、定年までしっかり働くのだと考えていたそうです。

そんなMさんですが、2年前に状況が一変します。胃ガンになってしまったのです。腹部に激しい疼痛を感じ、食事をするどころではありません。検査をするとリンパ節にも転移していることがわかりました。抗がん剤治療を続けて手術ができるようになるまで回復するのを待つしかありません。闘病生活は半年続きました。幸い、体力も好転し、手術も成功し、全快となったのですが、職場復帰は叶いませんでした。体調も以前のようにはいきません。フルタイムで働くことにMさんは限界を感じていたのです。Mさんは転職し、契約社員として働くようになりました。

おまけに、年金の通知を見て愕然としました。定年まであと20年です。定年後は仕事もせずのんびりと暮らせるものと思っていましたが、そんな安定した生活が送れるほどの額ではありませんでした。かといって、政府を恨んでもMさんの人生が救われるわけではありません。

幸か不幸か、日本は、自分の人生は自分で責任をとらなければいけない時代になったのです。世を嘆き、社会を恨む暇があったら、ちゃんと将来のことを考えて、計画を立てていかなければいけないと、Mさんは考えるようになったそうです。

幸いMさんには結束の堅い家族がいました。社会人の長男と大学生の次男、そして働き者の奥さんです。家族4人中3人が働いて貯金も増えていきました。そんなとき、長男がこんなことを言ったそうです。

「中古マンションなら僕らでも購入できるんじゃないかなぁ。これからは、会社の収入だけに頼ってたんじゃ将来が心配でしょうがないよ。マンションオーナーになって家賃収入を得るんだよ。1戸くらいじゃ大した金額にはならないかもしれないけど、無理せずに、2戸、3戸と、少しずつ増やしていけば、何十年かしたらのんびりとした豊かな暮らしができるかもしれないよ」

「でも、中古マンションってどうなんだ？」

Mさんは中古というところが気になりました。購入するなら新築マンションだろ、と思ったそうです。都心では、新築マンションがいたるところで建設しています。誰だって、古臭いマンションよりも、新しいマンションに住みたいと思うに決まってる、水回りだって、リビングだって、寝室だって、最新のデザインと設備の整った部屋に住みたいのだ、とMさんは思っていました。

それで、Mさんは中古マンションと新築とを徹底的に比較研究したそうです。不動産会社に相談すると間違いなく新築マンションを勧められました。ただ、説明を受ければ受けるほど、新築のデメリットが見えてきたのです。

最大のデメリットは完済までの期間が長すぎるということです。不動産会社の営業マンは、

「親子で返済するという方法もありますから」

と長期ローンを勧めます。30年以上も返済期間がかかるのが、Mさんは気になってしょうがなくなりました。調べてみると自分にはローンを組むこと自体が難しい

ということがわかってきました。

しかも、新築マンションは1年目で1割以上も資産価値が下がるということも耳にしました。2年目からもグッと下がり、築15年くらいしてやっと下げ幅が緩やかになるということも学んだのです。そこでMさんはひらめきました。ということは、**資産価値の安定する15年目くらいからの中古物件を購入するのが一番いいことにならないか？　しかも、長男の言う通り、自分たちの手の届く範囲で、700万から1200万程度のワンルームマンションのオーナーになるのが賢明だぞ、**いまなら自己資金は3割程度出せる、家賃収入をローンに回しても、利益が出るではないか、Mさんはそう思ったそうです。

Mさんとご長男のお二人でクラシコへお越しくださいました。すでにそれだけのことを勉強して来られていたので、話は早かったです。私たちのご説明もすぐにご理解いただきまして、具体的に物件を紹介してほしいとおっしゃりました。

ただ、条件に合う物件がすぐには見つかりません。Mさんの条件は築15年以降の土地勘のある駅のワンルームマンションでした。最寄駅から徒歩10分圏内、23区内でも城南と城西地区、川崎・横浜の主要駅という条件は、弊社が掲げている条件で、決して崩すことはできません。「必ず入居者が入ると確信できる物件でなければお客さまにお勧めしない」というのが、クラシコの創業以来からのこだわりです。

Mさんには、2ヵ月、待っていただきました。そして、晴れてMさんはマンションオーナーになったのです。

「今後は3戸持つ計画です。マンションは息子に残してあげられます。ローンが延々と残ってしまう新築よりも、比較的短い期間で完済する中古のほうが私たちには合っています」

Mさんは、笑いながらそう言っておられました。

【売り物のない不動産屋からのアドバイス】

- 自分の人生は自分で築く。どんな事でも、できると信じて行動すれば必ずできる。
- あきらめずにコツコツやり通せば、目標は達成できる。

老後をより明るくするために夫婦で決めました

（五十代　女性　Kさんの場合）

定年後のことをそろそろ考え始めたご夫婦のお話です。Kさんの選択は私たちがご提案しているライフプランを雄弁に示すものであり、その根本にある考え方が理解できるエピソードだと思います。無理をせず、安心して明るい老後を送るために、こんな選択肢もあるのだという、いい参考になるエピソードです。

Kさんご夫婦は、同じ年の50歳でした。Kさんは、ご主人の退職後のことをそろそろ計画しなければと思っていました。お二人とも公務員として働いていましたので、蓄えもいくらかありました。

あるとき、夫婦でこんな会話をされたそうです。

「貯金していても金利はほとんどつかないし、定期預金に切り替えても大した額にはならないわねぇ」

「かといって、株やＦＸや先物なんかに手を出すと元金を減らして終わりってことになりかねないからなぁ」

「定年退職してもまだ働かなきゃいけないのかしら？」

「年金の受取り額を計算した書類が来ていたけど、生活していくのは厳しいだろうな」

「貯金を切り崩して生活することになったら不安はつのる一方よ！」

「そうだな。だんだん減っていく貯金額を眺めながらひもじい生活するのは嫌だよなぁ」

「どうすればいいのかしら？」

「どうすればいいんだろうねぇ」

「私、投資のことを少し勉強してみようと思うの」

「え？　投資？」

「そうよ。勉強してみるだけよ。心配しないで」

Ｋさんは投資に関する本を読みあさったそうです。ご主人は投資に対して抵抗感があったようですし、Ｋさん自身も不安はぬぐい切れないものがあったと言われています。ただ、無知なまま批判してダメだと結論付けるのはよくないことだと思ったのです。退職後にひもじい生活をするのか、それとも明るい老後を送るのか、何もしなかったら間違いなく前者の道が待っているのですから、せめて学ぶことだけでもしてみようと思ったそうです。福沢諭吉に「学びて富み、富みて学ぶ」という名言があります。Ｋさんは学ぶことが人生を豊かにするという考え方を持っておられました。

株やＦＸや先物など、さまざまな投資の本を読みました。不動産投資も何冊か読んだそうです。勉強してみて出てきた結論が「投資はどんなものでもリスクがある。しかし、何もしないことも、大きなリスクじゃないか？」というものでした。

何もしなかったら老後は貯金を切り崩しながら生活するわけです。だんだん減っていく貯金通帳の残高を眺めながら、贅沢もせず、孫へのお小遣いも惜しみながら生活しなければいけないのです。

あとで後悔しても遅いのです。これこそ最大のリスクかもしれません。とにかく、もうすこし勉強してみよう。リスクがあるのはわかった、投資をしなくてもリスクはある、ならばリスクが最小限にできる投資があるはず。それを探せばいい。Ｋさんはそう考えて、インターネットで情報を集めてみました。そんなとき「不動産」というキーワードが目に飛び込んできたのです。

不動産投資といえば、バブルのとき話題になりました。バブルがはじけて悲惨な目に合ったのは不動産投資をした人たちです。ですから「怖い」「近寄りたくない」という思いだけが先行していました。

ところが、知人に相談して見方が少し変わったのです。

「バブルのときは、みんな、不動産を購入して、値段が高くなったところで売って利ザヤを稼いでいたわけでしょ。当時は土地神話があって、土地は絶対に値上がりすると誰もが思い込んでいたわけ。だから、個人も企業も、どんどん不動産を買ってたわけよ。高級マンションや郊外の土地が飛ぶように売れたのはそういうわけ。で、バブルがはじけて土地が値下がりして、売れるはずの不動産が売れずに負債だけが残ったということ」

知人はそう言います。

「それはわかってるけど、それと現在の不動産とはどう違うの？」

「現在は家賃収入。土地を購入しても売れないから、そこを駐車場にしたり、アパートを建てたりして家賃収入を得るわけ。転売目的と家賃目的の違いよ。ま、現在のほうが本来の不動産のあるべき姿ってことでしょうね」

「なるほど」

それからです。Kさんが家賃収入に関心を持ち始めたのは。

「家賃収入」「マンション経営」「大家」というキーワードで検索しKさんは情報を集めます。おもしろそうなセミナーがあると必ず参加しました。そこで学んだことは、「どうやら、新築マンションよりも中古マンションの大家になるほうがリスクは少なそうだ」ということです。

そこで、私たちのセミナーにKさんがやって来ました。さすがによく勉強されていて、個別相談での質問も専門的でした。

「ホントに9割以上も家賃保証していただけるんですか？　通常は8割がせいぜいですよね」とか、「どうして1000万円以下の物件ばかり選んで販売しているんですか？」など、細かいことを尋ねてこられました。そうですよね。ご夫婦、お二人でコツコツ貯めた貯金を使うわけですから、質問するときも熱が入るのは当然だと思います。Kさんは、すべてご納得いただき、すぐに1000万円以下の中古マンションを2戸購入されました。ローンは組まず現金です。ですから即、収入が得られます。家賃収入は年間130万円です。さらに、Kさんはこんなふうに将来の計画を立てておられます。
「定年までのあと15年で、今回購入した2戸を含めて合計10戸のマンションを購入したいわ。老後は家賃収入だけで月額50万円になればいいなと思っているんです」

【売り物のない不動産屋からのアドバイス】

・売り物のない不動産屋では、価格の安い700万円〜1600万円のワンルームマンションを売主として販売している。そして、その大部分が、1000万円以下の物件。そのため、全額現金で購入される方も多い。
・不動産投資の最終目標は、自分で決めた家賃収入金額を獲得するために無借金の不動産を何戸もつかということ。
・ローンを組む方も、繰り上げ返済による完済を行うこと。

退職金の賢い使い方を見つけました

（六十代男性　Oさんの場合）

60過ぎてマンションオーナーになるなんて無理だろ、と思っている方はぜひともOさんのエピソードを聞いて勇気をもらってください。「もう遅いよ！」というのは心のなかに出来上がった壁にすぎないのです。このお話はその心の壁を見事に打ち破り、あなたの人生を明るく楽しく、しかも安心したものにしてくれます。

Oさんも実は「自分がマンションオーナーになるなんて、この年になったら、もう遅いだろう」と思っていました。ローンを仮に組めたとしても返済できる自信はありません。家賃収入という不労所得を得るのは憧れますし、定年後に「大家さん」という肩書を得ることにも魅力を感じていました。しかし、その夢は川面に浮かぶ泡のようにすぐに消えてしまうものでした。

というのも、Oさんが考えていたのは新築マンションだったのです。新築マンションだと最低でも2400万円程度はかかります。Oさんはざっと計算してみました。退職金は約2000万前後です。貯金はほとんどありません。貯金どころか、郊外に建てたマイホームのローンが少しだけですが残っています。どう考えても、足りません。どうしましょう？

Oさんはあきらめていました。定年まであと半年という時期です。退職金で家のローンを完済したら、貯金に回すつもりでいました。そんなとき、ご友人からクラシコを紹介されたのです。友人はクラシコで中古マンションを5戸購入し、家賃収入で豊かに生活していました。

「君が考えているのは新築マンションでしょ。新築は確かに高い。こんな時代に億ションがバンバン建設されているんだからね。あんな高いマンションに私たちが手を出したら、あとで絶対に痛い目に合うよ」

ご友人はそう言って、自分が購入したマンションのことをOさんに説明します。700万円前後で築20年から30年目くらいの中古マンションが狙い目なのだというのです。Oさんにとっては、考えたこともないようなお話でした。

「700万円なら退職金で2物件買えるね」

Oさんは少しだけ心が開いてきました。マンションは最初から無理だと思っていましたから、理解するまで少し時間がかかります。新築マンションは1年か2年で一気に値下がりしますし、家賃が高いので借主が入らない可能性もあります。ローンを組んでいたら持ち出ししなければいけなくなるのです。それだけリスクの高い投資だといえます。

しかし、中古ならそうしたリスクは低いように見えますが、果たしてどうでしょうか？ Oさんは質問してみました。

「中古だって、入居者がなくて1か月も2か月も空き家ってことがあるでしょ。都内でも空き物件はいっぱいありますよ。半年間も空き家のままっていう物件さえあると聞きます」

「そこなんですよ。私がお願いしている不動産会社は、借主目線でしっかりと物件を吟味して仕入れるから、家賃保証も93％なんだ。通常は80％前後が普通で、90％を超えるところはまずない。それだけ自信があるんですね」

「入居者を必ず見つけるという営業力があるってことですか?」

「というよりも、入居者がすぐにつく優良物件しか仕入れない会社なんですよ。だから、私もいまは5戸ほど購入していますけど、売り物件が出てくるまで待たされましたからね」

「なるほど。そんな不動産会社があるんですか?」

不動産会社に待たされる?　と思いました。そんなバカな。それは、Oさんが今まで抱いていた概念とは180度違うものでした。

不動産会社といえば、しつこく営業電話をかけてくるというイメージです。マンションのモデルルームで自分の住所や電話番号などを記入したら最後、ガンガン営業をかけてきます。強引で、不躾で、押しが強いというのがOさんが抱いていた不動産会社像です。

ところが友人の話によるとイメージとは真逆の会社でした。売り込まない不動産会社なんて、聞いたことがありません。しかも、お客が買いたいと言っているのに待たせるとはどういうことなのでしょうか?　そんな会社があるなんて信じられません。

こうして、Oさんはご友人の勧めで私たちのもとへやってきたのです。

個別相談で私たちがご説明させていただきますと、Oさんは心から納得されました。ちょうどその時期に、ぴったりの物件を仕入れることができましたので、それをご紹介すると現金でのご購入を決められました。７００万円の中古のワンルームマンションです。家賃は６万円。新築マンションと比べると家賃収入は半額近いかもしれませんが、Ｏさんは安定した運用だという部分を評価してくださいました。

Ｏさんは退職金をこの中古マンションの購入資金にあて、さらに自宅のローンを完済されたのです。

「新築マンションを購入していたら、こんな余裕はなかっただろうね」

とＯさんは言い、大きな声で笑っておられました。

【売り物のない不動産屋からのアドバイス】

・物事は考え方ひとつで、結果が１８０度変わる。不動産投資をできる人は、できる方法を考えて実行する。不動産投資をできない人は、できない理由や言い訳ばかり考えて実行しない。

・すべて自分次第で掴める結果が変わる。みなさん！　一歩前進して、チャレンジしよう！

第六章
お客さまとともに喜ぶことを目指して始めた企業

この章では、私たちの「対談」という形で、クラシコについてお話ししたいと思います。

クラシコの由来

春口 一番始めは恵比寿の漫画喫茶で仕事をしていたよね。

綾部 そうでしたね、個別のブースを借りて。

春口 「綾部くん、良い物件あった?」って。

綾部 とにかく事務所を借りないとスタートできないので必死でした。

春口 今となっては懐かしいけれど、「仕事行って来る」って家を出て、向かう先が漫画喫茶って、なかなかない経験だよね。

綾部　なかなか事務所が借りられなくて苦労しましたよね。

春口　恵比寿じゃないところで借りようと思ったこともあったけど、どうしても恵比寿で開業したかった。

綾部　一週間でなんとか事務所の物件を見つけて、一番始めに買った備品、私まだ覚えてますよ。

春口　え、なんだっけ？

綾部　ゴミ箱です。椅子は翌日に買いに行く予定でした。それからメジャー、よく覚えてます。

春口　そうだよね。次の日になるべく経費を削減しようって、神田に中古のオフィス用品を探しに行ったよね。

綾部　物件を販売して入金がなければお金は減るだけ。備品にお金をかけないのは、設立当初からですよね。今の事務所にあるものはほとんど量販店で買ったものですし。プリンターもＡ４しかプリントアウトできませんでしたからね。それ以外のサイズは、コンビニに走っていってプリントアウトしてました。

春口　パソコンだって、始めは綾部くんの私物のやつしかなくて、私ともう一人はスマホ使って調べてた。ハード面に金をかけないのは、あの頃から変わらないな。「極限までコストカットし、それをお客さまに還元する」という方針は今後も続けていこうと思っている。まあ、あの時はお金がなかったというのもあるけど。本当に何もなかったよね。決まってたのは社名くらいか。

綾部　社名決める時、みんなで案出そうって言ったのに、考えてきたのは、私だけでしたよね……。

春口　え、そうだっけ？

綾部　そうですよ！　みんなでそれぞれ前の会社を辞める直前に「じゃあ、もう一回集まって社名を決めよう。案は各自考えてくること」って言ったのに、次に集まった時、私以外みんな考えてなくて。正直、絶望しましたよ。

春口　そういえばそんなこともあったね。でもいいじゃない。綾部くん、何か企画したり、名前を考えたりするの上手いしさ、その時も「きっといい案を考えてくれるだろう」って思っていたんだよ。

綾部　社名もロゴも何パターンも考えましたよ。

春口　おかげでいい名前になったじゃない。「クラシコ」って、すごくいい社名だよ。

綾部　**「暮らし＋コンサルティング」から取りました。私たちが行う事業は、ただ不動産を売るだけじゃなくて、どうすれば暮らしが良くなるか、ということを重視しようって**。

春口　それから、スペインダービーの「エル・クラシコ」（サッカーのスペインリーグ、リーガ・エスパニョーラのレアル・マドリードとFCバルセロナの試合のことを指す）からも来てるんだよね。最高水準、トップレベル、正に私たちの会社を体現する社名だよね。

綾部　社長が大のサッカー好きということはわかってますから。それに加えて、スーツの「クラシコ仕立て」という意味もあります。

春口　一分で決まったからね。でも、本当にこの会社に合っているよ。このまま、お客さまへ不動産を通しての暮らしコンサルティングを提供して、トップにまで走って行きたいよね。

苦しかったけど風向きはよかった

春口 今考えると、本当によくやって来られたよね。設立当時は2011年震災直後で、不動産の市況は最悪だったのに。

綾部 不動産の市況が悪かったのは、ぼくらにとっては追い風だったんじゃないですか。事務所探す時も不動産業をやる同業には厳しかったですけど、もし市況がよくて借り手がたくさんいたら……。

春口 まあね。事務所を借りることすらできなくて、ずっと漫画喫茶で仕事、なんてことになったかもしれない。

綾部 ぼくらみたいな、ポッと出の実績も信用も何もない不動産会社が取引を始められたのは、震災の後だったからこそですよ。

綾部 市況が大きく関わったと感じます。あの時、安く物件を仕入れることができたから、お客さまにも安く提供することができたわけですし。

春口　そうだね。おかげでお客さんにも、不動産仲介業者さんにも信用してもらえるようになったからね。一番始めに物件が売れた時、覚えてる？

綾部　もちろんです。2011年の6月、八幡山の物件ですよね。すごく嬉しかったなあ。

春口　その時は、まだ私が仕入れをやっていたんだよね。私は社長業をやるはずだったのに、仕入れの担当するはずだった人が来れなくなっちゃって。

綾部　社長が仕入れ、ぼくが営業、もう一人がウェブ担当でしたね。

春口　私が物件仕入れても、綾部くんがすぐに売っちゃうから、よく売るものがなくなってたっけ。

綾部　これだ、っていう物件じゃないと売らないって決めてたから仕入れも大変ですし、**いい物件しか仕入れしないから、売りに出したらすぐになくなっちゃう**。

春口　確かに。その辺りのコンセプトはずっと変わらないよね。でも、だからこそ今私たちがお客さまに信頼されているんじゃないかな。

綾部　そうですね。元々、この会社を立ち上げたきっかけって、クリーンに胸を張って仕事をしたかったから、というのがあります。

春口　自分の業界を悪く言うのは気が進まないけれど、事実、不動産業界のコンプライアンスのなさにはほとほと嫌気がさしていたからなあ。

綾部　コンプライアンスのない不動産業者は多いですよね。でも、そんな業界でコンプライアンスをしっかり守れば、お客さまは自然とついてきてくれるんですよね。

春口　自画自賛かもしれないけれど、設立当初3人でやっていた事業が、一年後には10人くらいにまでなって、オフィスを拡大できたのも、その部分を大事にしたからだろうね。

お客さまのための企業

春口　今の事務所に移ったのは設立から2年後だったか。従業員も、始めは3人だったのに4年目の今では30人で、考えてみれば十倍。お客さまのための不動産会社を作ろうって私たちは集まったわけだけれど、少しずつそれが実現しているんだなと今は思う。

綾部　他社にない売りもの、他社にない姿勢を提供してきた結果だと信じています。

春口　お客さまから搾り取れば、そりゃあ利益は出るけど、長い目で見たら続かないよ。お客さまと一緒に成長していく企業でありたいね。

綾部　ぼくもそう思います。**そもそも不動産って身近なものだし「不動産は危ない、怪しい」というイメージを変えていきたい。**

春口　まあ、実際にやるのは手間がかかるけど……。

綾部　それは確かに。従業員30人の企業で、仕入れ担当が7人もいる会社はなかなかないですよ。新築を売っている企業だったら、仕入れなんて1人か2人ですからね。

春口　いや、仕入れがしっかりしないと。**いい物件を手に入れるには、それなりの手間がかかる。ここで手を抜いたらいけない。**

綾部　お客さまに、「どうでもいい物件」を売り付けることになってしまいますものね。

春口　逆に、手間をかけて分析して、吟味して、「これだ！」って思うことができる物件を仕入れれば、販売する方もお客さまに自信を持って売ることができるだろう。

綾部　本当にいい物件を提供すれば、お客さまに喜んでもらえる。お客さまに喜んでもらえれば、ぼくらの信用はあがる。Ｗｉｎ－Ｗｉｎですね。やっぱり、お客さまがローンを返せなくなって、借金だけが残って、だんだんと顔が苦しくなっていくのを見るより、計画通りに家賃収入が入って、生活に余裕が出来たことを嬉しそうに言ってくれる顔を見る方が気持ちいいです。この間も設立当初からお付き合いのあるお客さまが「資金に余裕ができてきたから、もう一戸紹介して欲しい」って言ってくれて、なんだかお客さまと一緒に会社が成長しているみたいで、すごく嬉しかったですね。

春口　それだ。**お客さまと一緒に成長する会社**。どちらかだけが一方的に得をするような仕組みは、どこかで上手くいかなくなるよ。お客さまからの信頼を作っていくには、物件をちゃんと自分でチェックしたり、仕入れをしっかりしたり、買ってもらった後もフォローをしたり、時間も手間もかかるけど、そうやって堅実に積み重ねていったものって、土台がしっかりしている。

綾部　今はそういう私たちの姿勢は業界ではマイノリティだけど、いつか私たちの姿勢が当たり前になるようにしたいですよね。不動産というのは、本当にとても身近なものだから、社会に役立つように使っていけるはずです。

これからの不動産投資

春口　震災直後は不動産の市況は悪かったけど、これからはどうなるかな。

綾部　しばらくはいいと思います。

春口　オリンピックがあるからね。**2020年までは伸びるだろうな。そもそも、物価は長い目で見れば上がっていく傾向がある。**

綾部　アルバイトの時給がそうですね。2年前とは比べ物にならない。

春口　昔はアルバイトって言ったら、時給500～600円だったのに、今そんな価格で募集したら、誰も来ないだろうな。最低時給が東京ではもっと高いよね。

綾部　経済特区のようなものもありますし、不動産の価格は当面上がっていくと思います。

春口　その部分は私も同感。じゃあ、オリンピック以降はどうなると思う？

綾部　これから少子高齢化がますます進んでいくことは確かでしょうね。ただ、人

春口　口動態で見ると東京は圧倒的に有利です。東京は、日本で一番人口が集まる場所ですから、必然的に東京が一番不動産の売買が活発に動く場所ですね。人が少なくなるところは、不動産の価格は下がっていく可能性が高い。

綾部　そうですね。地方からはどんどん人がいなくなっていますし、そうなると必然的に家賃は下げざるを得ませんから。でも、住む人の絶対数が少なくなれば、入居者そのものを確保すること自体難しくなりますね。

春口　地方の物件は全体的に厳しくなるだろうな。

綾部　でも、都会には人が増えていくと思いますよ。

春口　そうだな。仕事があるのは都会だから、地方とは大きく格差が広がっていく、と考えればいいよね。

綾部　とすると、当たり前ですが、やはり東京及びその近郊ということになりますね。

春口　それに人口もファミリー世帯の人口は減り、単身者の東京集中は増えるから、単身者向けの物件はこれから需要が多くなると思う。

綾部　ですね。そうなるとぼくらの強いところです。中古のワンルームマンション。

春口　これからは高齢者も増えていくだろうし。高齢者のニーズに合わせた防犯対策やバリアフリー対応のリノベーションした物件も扱いたいですね。

改装が必要なのは高齢者向けだけじゃない。そもそも物件は時間が経てば劣化していくからな。築50～60年経った物件をどうしていくかは、今後の私たちの課題だよ。

綾部　そうですね。リフォームや、建て替えも考えていかなくちゃいけない。

春口　ただ建て替えるだけじゃなくて、その時はプラスアルファで価値を付けることも考えないと。今会社でやっているのは、中古マンションの販売だけだけど、ゆくゆくは古いものをどう再生していくか、そういう事業も必要になってくるだろうね。

綾部　今のことだけじゃなくて、将来を見据えて、考えなくちゃいけないことはたくさんありますよね。たとえば、今はワンルームマンション規則で建てることができなくなった25㎡以下の物件でも使い方によってはいい収益物件になります。賃借人は、そのぶん払いやすい家賃で借りることができますからね。

これからのクラシコ

綾部　さっきリフォームの話がでましたけど、他に考えていることはあるんですか？

春口　そうだなあ。今のところお客さまの大半が国内の人だけれど、これからは海外のお客さまも視野に入れていきたいな。

綾部　台湾やシンガポールにも足を伸ばしていますが、もっと海外にも出ていきたいと言うことですね。

春口　うん。それから私たちが今扱っているのは投資向けの中古ワンルームマンションと実際に住む方用の一戸建て、土地、ファミリータイプマンションだけだけど、ゆくゆくはリゾートマンションとかもやっていきたいよね。

綾部　今は売主としての投資用中古マンションと一戸建てなどの仲介販売事業だけ

ですけど、いずれは総合不動産のような形にしたい、ということですか。

春口 そうそう。現在の投資用中古ワンルームマンションを売主として販売する事業と実際に住む方用の一戸建て、土地、ファミリータイプマンションを仲介販売する事業だけでなく、デベロッパーとして自社でファミリータイプマンションや一戸建てを建てていきたいね。投資用では、海外の方に日本の中古ワンルームマンションを紹介して、日本の方に海外のリゾート不動産を紹介していくよ。それと、私の1つの予想なんだけれど、これまで国がやってきた事業がどんどん民営化されているじゃない。将来的には、もっと大きな事業、例えば公共事業なんかも民営化される可能性がある。その時、国単位での仕事を受けられるくらいの規模に会社を成長させたいと思っているよ。

綾部 **社会に貢献できる会社にする、っていつも言ってますよね**。社会があるから、事業ができる。

春口 ただ単に会社を大きくしたいわけじゃない。でも時間や心に余裕がなければ社会に貢献なんてできないから、体力があって、社員がしっかり働ける会社を作りたい。

綾部　その部分は少しずつ実現できているように思います。始めは自信なんて特にない人だったとしても、数年経つと目つきも身なりもいい方向に変わっていきますからね。

春口　目標は高く持てば持つほど上に行けるんだと思うよ。大きくなって、社員全員で心に余裕を持って社会に貢献していく、というのが我が社の目標だ。

綾部　全員で、というのが難しいですよね。土台の部分からしっかり成長していかないと、取りこぼされる人がでてきますから。

春口　だからこそ、会社全体が成長していく必要があるんじゃないか。そのために、我が社には社員全員に発言の場があるよね。

綾部　社員全員で、「これから会社をどうするか」考える会ですね。本業と関係ないアイデアもどんどん出せる、というのがいいですよ。

春口　会社を「どういう方向にしていきたいか」を考える会だからな。社会貢献できる企業として、ボランティアとか、農家の稲刈りを手伝うとか、そういうことは研修になるだろう。

綾部 社長がいつも言っている「サッカーチームを持つにはどういう会社になればいいいか」ですよね。

春口 スポーツを盛り上げるのは立派な社会貢献だよ！　社員全員で「ではその案を実現するにはどうすればいいのか、何が必要なのか」を考えることが、会社全体を成長させることに繋がる。

綾部 そうですね。やりたいことはたくさんあります。そう考えると、設立から4年近く経ちますけれど、まだまだ始めの一歩を踏み出したばかりですね。

終章　お客さまとは一生のお付き合い

第三者が見たクラシコ

これまで弊社の取り組みや考え方を述べさせていただきました。手前味噌な部分も多々あったかと思いますが、「売り物がないのに行列ができる」とはどういうことなのか、理解していただけたのではないでしょうか。

ただ、内部の視点だけでは片手落ちではないかと考えました。どんなに客観性を追求したとしても、自分たちのことはどうしてもひいき目に書いてしまうものです。

そこで、外部のライターさんに、弊社のセミナーを取材していただきました。そして、「第三者の中立な立場として取材記事を書いて欲しい」と依頼したのです。

以下が、そのライターさんの書いた記事です。

一・売り物のない不動産屋さんのセミナーについて

売る物件がない不動産屋さんがあるという。それっていったいどんな不動産屋さんなのだろう、ということで、とある冬の金曜の夜、「アセットプラン」という会社の不動産投資セミナーに行ってみた。

（「アセットプラン」はクラシコのグループ会社で主にセミナー運営事業を担当している）

開催場所は東京国際フォーラムの会議室。セミナーを行っているのはここだけではないようだが、開催場所は格式のある場所だ。取材、ということで少し早めに伺って待っていると、続々と参加者が集まってきた。

人数は十数名、年齢層としては三十代前後から五十代程度と幅広く、若い女性も見受けられる。会社帰りのサラリーマン風の方もいれば、主婦のような様相の方まで、客層は幅広い。参加者の多くはすでに不動産投資をしている方がメインなのかと思っていたが、参加される方のほとんどはこれまで不動産投資の経験がない、特に物件を保有していない層だという。不動産投資、というと、商品が高額であるため敷居が高いイメージがあったが、興味がある人は性別、年齢問わず、多々いるようだ。

二．セミナー（一部）の内容概要

実際のセミナーが始まると、さっそく個性的な点が出てくる。一般的なイメージとして、たまにかかってくる電話での勧誘、ポストに入っているチラシやネット広告など、不動産投資、というと新築マンションが思い浮かぶ。

しかし、この企業の特徴として、扱う主な物件は築20～30年程度の中古のワンルームマンションなのだという。併せて物件を取り扱うエリアにもこだわりがあるらしく、東京23区しかも渋谷区、新宿区、世田谷区、目黒区などの城南城西地区（それから横浜、川崎が少々）に限定しているそうだ。

なぜこのようなこだわりを持っているかと言うと、この企業が大事にしていると言う「不動産投資の目的」に繋がる。

不動産投資の目的、それは「不労所得」を得ること。そしてそのためには早期に完済でき、利回りの高い物件を選ぶことが必要だと言う。この点から、完済に35年のフルローンを組む新築マンションは適さない。通常新築マンションは２６００万円程度である。完済に時間がかかる上に、マンション物件が最高価格を持つのは新築一年目で、築年数が経つごとに価格がどんどん下落してしまう点も不利だ。

また、物件そのものの価格、近年の人口増加率を考えると、大阪、名古屋などの大都市圏であっても不動産投資には適さないことも「東京の中古マンションのみ」を扱う大きな理由になっているとのこと。利回りの良い８００万円前後の物件であれば、確かに返済期間はぐっと短くなり、不労所得を得る環境に適している。

以上、詳細についてはもっと説明を聞きたいところだったが、不動産投資を成功させるにはどのような物件を選べばよいか、という点でこれまで聞いたこともない話を聞くことができた。

三．セミナー（二部）の内容概要

さて、このセミナーは、一部が企業と取り扱う物件の概要、二部は不動産管理についての説明、と二部構成になっている。二部は一人一人の参加者にクラシコさんの営業マンが一人付き、個別の説明、という形である。私は取材をしにきたので担当の方がつくことはなかったが、個々でどのような話がされているのか見学させてもらうことにした。

開始前にどのような参加者の方がいるか書かせてもらったが、二部での個別説明では参加者の持っている疑問点によって話している内容が異なるようだ。不動産セミナーの個別相談、というと具体的な物件の話が中心になるのかと思いきや、ここの個別相談は少し違った。

すでに不動産投資を行っている人は今後の投資スケジュールであるとか返済プランや物件管理方法の相談といったものだ。そんなベテランの方や、不動産投資に対する不安を担当者とひたすら相談している方、そもそも不動産投資というものがよくわからないので教えてほしいといった方、一部の説明をもっと詳しく聞いている方など、本当に人それぞれなのだ。

ただ、全体的に二部の個別相談を見て一つ気づいたことがある。二部ですぐ帰る人は誰もいないということだ。みなさんがそれぞれ熱心に担当の方と話しをしている。前半は固かった雰囲気も後半になるにつれて和気あいあいとした空気も出始め、すっかり打ち解けて笑いながら話をしている組みもたくさんある。そしてセミナーが終わったとき、半分以上の参加者が「では次は詳しいお話を」とそれぞれでさらに詳細な話をするスケジュールを決め合っていた。今回はなかったが、お昼の開催であった場合、セミナー後担当者と一緒に実際の物件を見に行く方もいるそうだ。

　投資セミナーというと、話をする方も聞く方も肩肘張ってしまうイメージがあったが、ここのセミナーは私が今まで抱いていたイメージと全く違ったものだった。

四．クラシコさん側から聞いたセミナーで大切にしていること

せっかく来たので、セミナー後に講師をしていた綾部常務にお話を伺ってみると、この投資セミナーでは企業や物件の説明よりも、第二部の個別対応で個々の参加者の方が持っている不安や疑問、担当者との情報交換に主眼を置いているという。一口に不動産投資家、と言っても持っている悩みは人それぞれ、この企業では当初からそういった個々の思いに応えることを目指しているということ。また、担当の営業マンの方は物件を売る者ではなく、不動産投資コンサルタントとしてこの場にいる、という言葉はとても印象的だった。

五．感想など

あまりにいいことばかり書き過ぎて、まるで御用記者と言われるようなレポートになってしまったが、不動産投資の考え方、物件の選び方など、よくある不動産会社と

は言っていることがひと味違う、これだけは確かだ。もし疑わしいと思うのであれば騙されたと思って一度セミナーに来てみることをお勧めする。

今回は取材という形で参加させてもらったが、個人的に第二部の個別相談で話を聞いてみたいと思ってしまった。

お客さまからの感謝の声

私たちはお客さまと一生のお付き合いをしていきたいと考えています。売ったら終わりという関係ではありません。マンションを販売してからお付き合いが始まるのです。ですから、長期のローンでお客さまの人生が狂ってしまうような物件を販売するわけにはいきません。お客さまの人生設計のお手伝いをさせていただきながらベストの提案をさせていただいているのです。ベストと言っても、メリットばかりではなく、デメリットやリスクに関することも隠さずお話ししています。

それも、長いお付き合いをすることを前提にしているからです。長くお付き合いしていると、デメリットやリスクなどの悪い面が必ず出てきます。隠しているとあとでご迷惑をおかけすることになりますので、包み隠さず公開しています。

私たちはお客さまとそういう関係を築いているのです。

ときには不動産とは関係のないプライベートな相談を受けることもあります。結婚や出産のご報告を受けることもあります。

なにより、感謝の声をいただくことがあります。

そうしたお客さまからいただいた感謝の声をすべて掲載することはできませんので、少しだけここでご紹介させて頂きます。お客さまには事前に了承を得ていますが、お名前は伏せさせて頂きます。

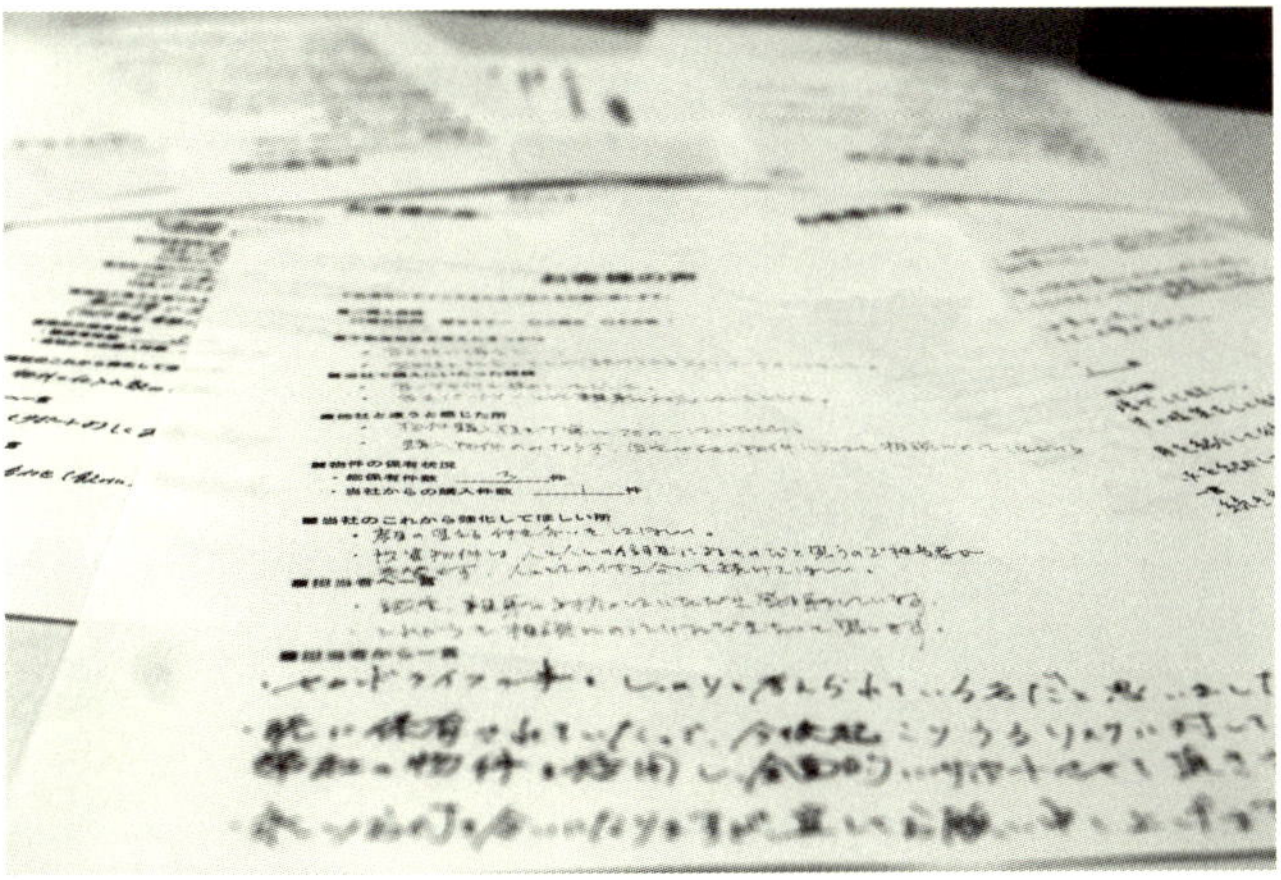

◆お客さまの声――Hさま／39歳男性

【不動産投資を考えたきっかけ】

不労所得。節税。

【当社で購入にいたった経緯】

細かくシミュレーションしていただいた。複数持てるというイメージがわいた。

【他社と違うと感じた所】

リスク説明。提案が細かい点。

【物件の保有状況】

・総保有数……5戸　・当社からの購入戸数……5戸

【当社のこれから強化してほしい所】

良い物件を安く仕入れて欲しい。

【担当者へ一言】

毎日お客さまと会っていると思うので、休んでください。

住所	東京都文京区
価格	1,180 万円
家賃	70,000 円
間取り	1K
専有面積	16.30㎡
築年数	1997 年 1 月

方向性がしっかりと定まっておられますので目標実現に向けて最良の提案を必ず行っていきます。
担当：営業部 部長　茂木亮介

◆お客さまの声――Nさま／41歳男性

【不動産投資を考えたきっかけ】

『金持ち父さん、貧乏父さん』を読んで。またいろいろな資産運用の本を読んで、不動産投資が良いと思いました。

【当社で購入にいたった経緯】

いくつかの不動産投資セミナーに参加して、比較検討した結果、クラシコさんに決めました。

【他社と違うと感じた所】

担当者が良い感じでした。「うちは大手ではないが、これからやっていくぞ！」という熱意がありました。

【物件の保有状況】

・総保有数……5戸　・当社からの購入戸数……5戸

【当社のこれから強化してほしい所】

・マンションやビルの1棟もの。

・出口戦略

【担当者へ一言】

不動産投資をはじめてはや3年、おかげさまで5戸の物件を持てました。これも板橋さんの努力と熱意あってのことだと思っています。感謝と、これからもよろしくお願いいたします。

住所	神奈川県横浜市南区
価格	1,000万円
家賃	69,000円
間取り	1K
専有面積	26.90㎡
築年数	1992年2月

もう3年経つのですね。今後も期待以上の成果をだせるよう、精進いたします。ライフプランの一翼を担うパートナーとして、末永いお付き合いの程、よろしくお願いいたします。
担当：営業部 課長　板橋佑斗

◆お客さまの声——Sさま／29歳男性

【不動産投資を考えたきっかけ】

将来のことを考え、会社からの収入以外にも、自分でお金が入ってくる仕組みを作っておきたいと思ったため。

【当社で購入にいたった経緯】

セミナーに参加し、そこで担当の方にお会いしました。何度か打ち合わせをした後、購入。

【他社と違うと感じた所】

懇切丁寧で今まで会った業者さんのなかで一番親身。電話や報告、書類の扱い、説明も理解するまで丁寧にしてくれて有難い。

【物件の保有状況】

・総保有数……3戸　　・当社からの購入戸数……3戸

［当社のこれから強化してほしい所］

物件の仕入れ数の増加。

［担当者へ一言］

今後もサポートよろしくお願いいたします。

住所	東京都大田区
価格	1,600万円
家賃	77,000円
間取り	1K
専有面積	20.69㎡
築年数	2008年2月

いつもお忙しい中、お付き合いいただきありがとうございます。また打ち合わせの後に不動産のことはもちろんS様の大好きなお酒のお話もお聞かせください。お気軽にお声掛けください。
担当：営業部 課長代理　山本大貴

◆お客さまの声——Yさま／29歳男性

【不動産投資を考えたきっかけ】

投資の内容を大学時代から知っていた。一番借り入れを起こせて、他人の資本で返済し運用できるのがメリット。働けなくなった時の収入源。年金対策として。

【当社で購入にいたった経緯】

1戸目を他社で取り組んだ後、2戸目を考えてセミナーに行った時に、自分に合った提案をきちんとしてくれた。一生懸命提案してくれた。家賃保証の内容も良かったから。

【他社と違うと感じた所】

担当者からのレスポンスが早かった。熱意があった。セミナーの質が良かった。

【物件の保有状況】

・総保有数……2戸　・当社からの購入戸数……1戸

【当社のこれから強化してほしい所】

物件の紹介を増やして欲しい。今後も同じ水準の提案をして欲しい。

【担当者へ一言】

より良い運用を紹介して欲しい。良い彼女を紹介してください（笑）

住所	東京都中野区
価格	840 万円
家賃	58,000 円
間取り	1R
専有面積	16.24㎡
築年数	1995 年 3 月

女性の紹介はできないので、頑張って良い不動産を紹介します。引き続き、よろしくお願いいたします。
担当：営業部 係長代理　泉優也

◆お客さまの声――Hさま／55歳男性

【不動産投資を考えたきっかけ】

・定年後に備えて。

・定年後も社会とかかわり続けられるライフワークとして。

【当社で購入にいたった経緯】

・良い物件をすすめていただいた。

・良きパートナーとして親身に対応していただけた。

【他社と違うと感じた所】

・物件購入後も丁寧にフォローしていただける。

・購入物件のみならず、自宅や他の物件についても、相談にのっていただける。

【物件の保有状況】

・総保有数……3戸　　・当社からの購入戸数……1戸

【当社のこれから強化してほしい所】

・顔の見える付き合いをして欲しい。

・投資物件は人と人との信頼によるものだと思うので、担当者が交替せず、人としての付き合いを続けて欲しい。

【担当者へ一言】

・誠実、親身に対応していただき、感謝しています。

・これからも相談にのっていただきたいと思います。

住所	東京都大田区
価格	860万円
家賃	59,000円
間取り	1R
専有面積	16.02㎡
築年数	1995年11月

セカンドライフのことをしっかりと考えておられる方だと思いました。すでに保有されていたので、今後起こりうるリスクに対して弊社の物件を活用し全面的にサポートさせていただきます。永いお付き合いになりますが、よろしくお願いいたします。
担当：営業部主任　森元龍一朗

◆お客さまの声――Oさま／38歳女性

【不動産投資を考えたきっかけ】

銀行に預けているより、運用した方が良い。将来の生活にゆとりが欲しかった。あんまり長く働きたくない。

【当社で購入にいたった経緯】

借入れはそもそもリスクだから、当初考えていなかった。ただ、自己資金内だと立地が良い物件ないからリスクが高くなる。自己資金と借入れのバランスが良かったので（価格が低くても安心感のある物件）

【他社と違うと感じた所】

100％の成功保証が無理なのは理解。ただリスクヘッジに対する安心感があった。安心材料の話に根拠があり納得できた。

【物件の保有状況】

・総保有数……1戸　・当社からの購入戸数……1戸

【当社のこれから強化してほしい所】

もっと物件公開とかしてくれると楽しい。今後も低い価格帯を扱って欲しい。

【担当者へ一言】

引き続き、しっかりと管理お願いします。また自己資金が貯まったら買いたいと思ってるんで（とりあえず3戸は）

住所	神奈川県横浜市南区
価格	720 万円
家賃	54,000 円
間取り	1R
専有面積	25.50㎡
築年数	1982 年 12 月

私からご購入いただきまして誠にありがとうございます。全力でサポートいたしますので末長いお付き合いのほどよろしくお願い申し上げます。
担当：営業部 主任　山本隼也

著者プロフィール

春口健二

株式会社クラシコ　代表取締役

１９７０年生まれ、東京都出身。現在、臨海副都心に在住。大学卒業後、銀行勤務を経て、不動産業界へ飛び込む。投資マンション営業、賃貸営業、仲介不動産営業、物件仕入営業など幅広く従事した経験により、たどり着いた答えの一つが、「お客様の人生が豊かになる物件しか絶対に売らない」という信条。その思いを実現する為、２０１１年4月、株式会社クラシコを起業。物件仕入れにこだわるあまり、売り物がなくなってしまうこともしばしば。大のサッカーファン。好きな事は「頑張っている人と共に仕事をすること」

株式会社クラシコ公式ホームページ

http://clasi-co.com/

綾部良介

株式会社クラシコ　常務取締役

１９７９年生まれ、静岡県出身。飲食店の出店・企画・運営までを経験したのち26歳の時に不動産業界に転職。新築ワンルームマンションの営業会社にて4年連続でトップセールスマンになる。その後、土地から一棟物やアパート、更には商業施設などを販売する大手不動産会社へ転職。一から不動産を見つめなおし多くの不動産を見てきた中で、中古ワンルームマンションの利点を実感し、それを幅広く伝えるべく２０１１年4月に春口とともにクラシコを起業。セミナー講師も務め現在も第一線で市場を自身で確かめ、より良いサービスを追求している。飲食店の出店等の経験から、立地の選定や空間つくりにも独自の考えを持っている。

売り物のない不動産屋になぜ行列ができるのか？

2015年4月25日〔初版第1刷発行〕

著　　者　春口健二
　　　　　綾部良介
発 行 人　佐々木紀行
発 行 所　株式会社カナリアコミュニケーションズ
　　　　　〒141-0031
　　　　　東京都品川区西五反田 6-2-7
　　　　　ウエストサイド五反田ビル 3F
　　　　　Tel　03-5436-9701　　Fax　03-3491-9699
　　　　　http://www.canaria-book.com

印　　刷　石川特殊特急製本株式会社
装丁・DTP　株式会社高橋フミアキ事務所

ISBN 978-4-7782-0299-6　C0034

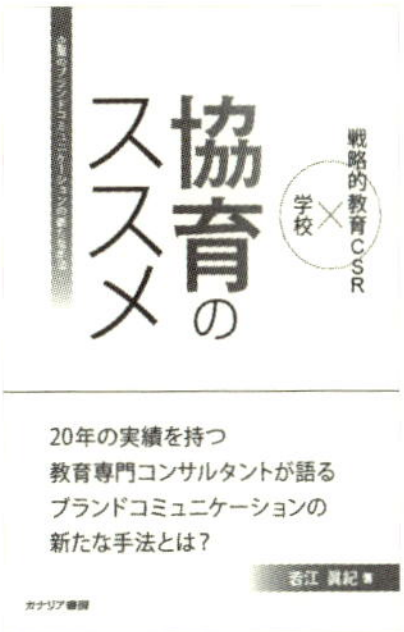

2014年8月31日発刊
価格　1400円（税別）
ISBN978-4-7782-0279-8

協育のススメ
企業のブランドコミュニケーションの
新たな手法

若江 眞紀　著

20年の実績を持つ教育専門コンサルタントが語る、企業の「ブランドコミュニケーション」の新たな手法とは？

企業の教育CSR活動と教育現場の現状分析や、教育CSRを展開する企業の詳細事例、戦略的な教育CSRをCSVへとつなげるノウハウが詰まった渾身の一冊！

2014年9月19日発刊
価格　1500円（税別）
ISBN978-4-7782-0280-4

勝ち抜く事業承継
時代と人材育成論

青井 宏安　著

ひとり一代で滅びる怖さを知る‼ 企業は永続してこそ尊いものである。事業承継は単に社長が交代するということだけでなく、それを機にさらなる事業の発展が遂げられないと意味を成さない。「次なる」事業承継が会社を救う！

2014年10月20日発刊
価格　1300円（税別）
ISBN978-4-7782-0283-5

自他を生かす、話し方の知恵

新たな人生の扉が開く!

話し方ＨＲ研究所　著

話すことは、生きること。

人に寄り添う話し方で、人生が豊かに変化する。

日本最大の話し方教室が35年の経験を基に、悩めるあなたをコミュニケーションの達人へと導く!

2014年12月15日発刊
価格　1500円（税別）
ISBN978-4-7782-0288-0

人生を思いどおりにデザインする

おかたづけの作法

三谷 直子　著

失敗パターンにサヨナラしよう。

なぜ今"かたづけ"が見直されているのか?

単に見た目をきれいにするだけの目的でなく、心理学の見地から行動療法としてかたづけを提案。モノを整理することが、頭の中・心の中の整理につながり、理想を現実にしていく力を育むメカニズムを明快に解説。

"おかたづけ"にまつわる8つの作法で、一歩の行動から人生を変える１冊。

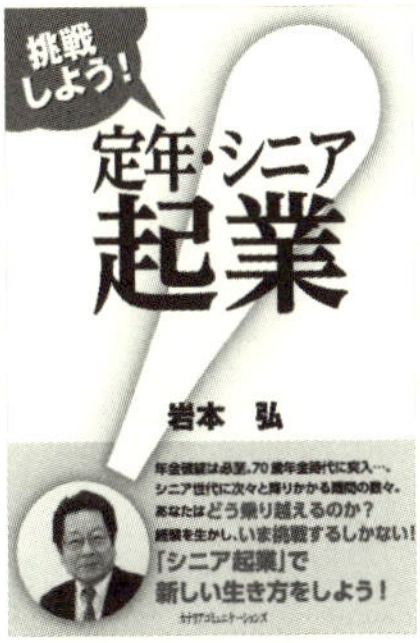

2015年1月20日発刊
価格　1500円（税別）
ISBN978-4-7782-0291-0

挑戦しよう！
定年・シニア起業

岩本　弘　著

年金破綻は必至。70歳年金時代に突入…。シニア世代に次々と降りかかる難問の数々。あなたはどう乗り越えるのか？

経験を生かし、いま挑戦するしかない!「シニア起業」で新しい生き方をしよう！

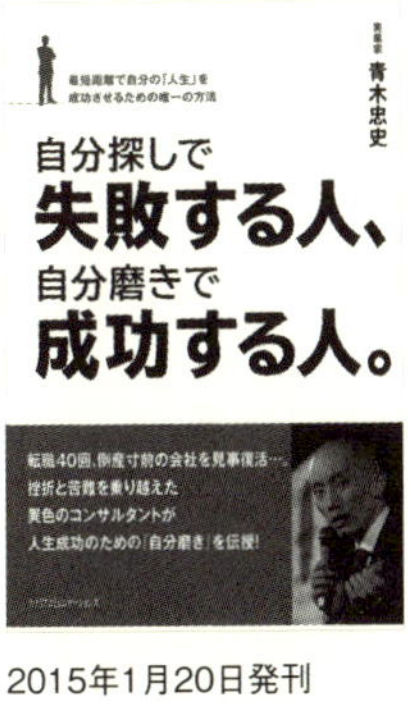

2015年1月20日発刊
価格　1400円（税別）
ISBN978-4-7782-0287-3

自分探しで失敗する人、自分磨きで成功する人。

最短距離で自分の「人生」を成功させるための唯一の方法

青木 忠史　著

転職40回、倒産寸前の会社を見事復活…。挫折と苦難を乗り越えた異色のコンサルタントが人生成功のための『自分磨き』を伝授！

人生は20代にどのように考えて生きるかによって決まる。その岐路となる時期に、自分自身と向かい合い、有意義な人生、成功を実現する『自分磨き』を伝授！

2015年2月28日発刊
価格　1200円（税別）
ISBN978-4-7782-0294-1

ここまで言うか『経営者の人生を守る!!』本音の話
中小零細企業のための経営危機打開学　総論

菊岡 正博　著

800件を超える中小零細企業の会社再生を手掛けた著者が、常識を覆す方法を駆使して危機を乗り切り、経営者の人生を守る方法を伝授！

危機的な経営状況に陥ろうとも、経営者の人生と生活を守り、関係する社会的弱者のために事業の継続を図る方法を紹介する。目からうろこの経営危機打開策が満載。

2015年3月15日発刊
価格；1300円（税別）
ISBN978-4-7782-0296-5

イメージコンサルタントとしての歩み
誰も上手くいかないと思った起業を成功させたわけ

谷澤 史子　著

不可能を可能に変える成功法。誰もが失敗すると思ったイメージコンサルタントとしての起業。苦難のスタートから個人や企業のブランディング分野で人気を集めるようになるまでの道のりを著者が赤裸々に語る。夢は叶うのではなく、夢に適う（ふさわしい）人間になった時に実現するもの。

そのための自分磨きとは。イメージコンサルタントで会社を経営することは不可能といわれた時代、それでも起業に踏みきり、苦難のスタートから成功するまでの著者の体験談とその手法を赤裸々に語る。